한국어 만세 시리즈 1

# 한국어 교육 입문

## 교육 현장 편

이윤진 · 이은경 공저

학지사

# 머리말

"한국어 교사는 구체적으로 어떤 일을 하는 사람인가요?"

"내 적성과 능력이 한국어 교사에 맞을지 모르겠어요."

"한국어 교사가 되려면 무엇부터 시작해야 하나요?"

"한국어 교실에서는 실제로 어떻게 가르치나요?"

한국어 교육에 관심을 갖기 시작한 예비 교사와 한국어 교육을 시작한 지 얼마 안 된 초보 교사들에게서 자주 듣는 질문입니다. 한국어 교육에 첫발을 내딛었던 시기에 필자가 가졌던 것과 같은 고민이기도 합니다. 그때를 떠올려 보면, 한국어 교사가 되는 길이나 한국어 교사로서 겪게 되는 시행착오에 대해 편하게 조언을 구할 선배 교사(멘토)가 절실했습니다. 그리고 선배 교사의 생생한 경험이 후배들에게 전수되고 공유될 수 있는 기회가 충분하지 않은 점이 늘 안타까웠습니다.

예비 혹은 초보 한국어 교사들이 지금 꼭 듣고 싶은 이야기는 딱딱한 이론보다는 풍부한 경험을 바탕으로 한 선배 교사들의 이야기일 것입니다. 오랜 기간 『한국어 교육 입문』의 집필을 준비하면서, 우선 필자가 한국어를 가르치면서 궁금했고 방법을 몰라 당황했던 기억들을 떠올려 보았습니다. 그와 동시에 실제 교육 현장에 있는 여러 교사들의 이야기에도 열심히 귀를 기울이고, 한국어 교육에 관심을 둔 사람들이 무엇을 가장 궁금해하는지도 다각도로 알아보았습니다. 이를 통해 한국어 교육 분야에서 가장 필요하면서도 중요하다고 판단되는 주제를 선정하고, 각 주제별로 교육 현장의 경험과 실제 에피소드를 담았습니다. 또한 한국어교육능력검정시험의 필기 및 면접 시험을 대비하는 데 도움이 되도록 각 에피소드에 담긴 교육적 의미를 설명하고, 한국어교육학 입문자(또는 전공자)가 주요 이론과 개념을 공부하는 데 활용할 수 있도록 참고 논저를 소개하였습니다.

『한국어 교육 입문』의 특징은 다음과 같습니다.

첫째, 선배 교사로부터 직접 이야기를 듣는 느낌으로 가볍게 읽을 수 있도록 구성하였습니다.

둘째, 한국어 교육의 주요 '키워드'를 중심으로 관심 있는 내용부터 찾아 읽을 수 있으며, 교재의 어느 부분부터 읽어도 이해하는 데 지장이 없도록 하였습니다.

셋째, 실제 한국어 수업에 활용할 수 있도록, 강조해야 할 수업 내용 및 수업 관련 노하우를 담았습니다.

넷째, 독자의 수준과 흥미에 따라 각 단원의 내용을 유용하게 활용할 수 있도록 구성하였습니다. 일러스트와 '생각해 보기'를 본문 앞에 제시하여 단원별 내용을 유추하고 동기를 부여할 수 있도록 하고, 본문의 뒤에는 '한 걸음 더', '이것만은 꼭', '생각해 보기 확인', '참고'를 두어 단원의 주요 내용을 정리하고 더욱 심도 있는 공부를 하는 데 유용한 팁을 제공하였습니다.

〈한국어 만세 시리즈〉의 첫 성과물인『한국어 교육 입문』에서는 다음과 같은 내용을 다룹니다.

『한국어 교육 입문 - 교육 현장 편』에서는 한국어 교육의 주체인 '교사', '학습자', '교실(수업)'을 중심으로 살펴봅니다.

『한국어 교육 입문 - 교육 내용 편』에는 한국어 교사로서 알아야 할 지식과 교수 방법을 담았습니다.

『한국어 교육 입문』에서 들려 드리는 한국어 교육 이야기가 한국어 교육자의 길을 꿈꾸며 준비하고 계신 분들이나 한국어 교육 현장에서 고군분투하시는 선생님들께 조금이나마 힘이 되었으면 좋겠습니다. 또한 이 책을 통해 많은 한국어 교육 현장의 이야기가 모이게 되기를 희망합니다.

2015년 5월
이윤진, 이은경 드림

# 책의 구성

**[키워드 중심의 단원명]**
독자의 학습 동기를 유발하고 독자가 관심 있는 단원을 쉽게 찾을 수 있도록 단원명에 '한국어 교육 키워드', '에피소드 관련 내용 제목', '교육적 시사점'의 세 가지 정보를 함께 담았습니다.

**[단원의 핵심 내용을 함축하는 일러스트]**
각 단원의 내용을 본격적으로 읽기에 앞서, 한국어 교육 에피소드를 생생하게 전달할 수 있는 일러스트를 제시하였습니다.

**[예비/초보 한국어 교사의 다양한 질문에서 출발하기]**
예비 혹은 초보 한국어 교사가 가질 수 있는 궁금증을 생각풍선 안에 제시하였습니다. 이를 통해 각 단원의 핵심 내용에 대한 관심과 흥미를 유발할 수 있도록 하였습니다.

● 이주여성 대상의 한국어 방문 지도사로 제2의 인생을 꿈꾸게 된 B씨. B씨의 대학 전공은 식품영양학이었다. 졸업 후 15년간 주부의 삶에만 충실했다. B씨만의 강점을 살려 좋은 한국어 선생님이 되는 방법이 없을까?

● 어렸을 때부터 손재주가 남다르다는 말을 자주 들었던 H씨. 웬만한 것은 간단한 그림으로 쉽게 표현할 수 있다. 이러한 재능이 한국어 교사가 되었을 때 어떻게 쓰일까?

**['생각해 보기'로 스스로 진단하기]**
간단한 퀴즈를 통해 본격적인 학습을 준비할 수 있도록 합니다. 이를 통해 한국어 교육에 대한 논의거리를 공유하고 자신의 생각을 정리해 볼 수 있습니다.

 다음 중 맞다고 생각하는 것에 ✔ 표시를 해 보세요.

☐ 한국어 교사는 반드시 국어국문학 관련 전공자여야 한다.
☐ 한국 요리, 사물놀이 등을 배워 두면 수업 시간에 한국 문화를 소개할 때 유용하다.
☐ 한국어 교사는 한국어를 가르치는 작업이므로 외국어 능력은 필요하지 않다.

**외국어로서의 한국어 학습자**

독일의 역사학 교수 P씨, 동아시아 역사를 전공해서 그동안 중국어와 일본어를 배웠다. 그리고 작년부터는 대학에 개설된 한국어 수업에 참석해서 대학생들과 함께 한국어를 배우고 있다. 한국어로 기록된 책을 읽고 한국 역사에 대해서 더 깊이 아는 것이 목표다. 일주일에 세 번 있는 한국어 수업에서 배우는 한국어 문법과 표현이 참 재미있다.

한국어를 배우는 사람들 중에는 한국에 거주하지 않고 한국어나 한국어에 대한 관심이 있어서 자신의 나라에서 한국어를 배우는 사람들이 있다. 우리가 영어권에서 살지는 않더라도 영어를 배우는 것처럼, 이들도 '외국어로서 한국어'를 배우는 것이다. 이들은 주로 한국을 책, 혹은 인터넷이나 미디어를 통해서 접하게 되기 때문에 한국에 관련된 정보를 읽고 이해하는 능력을 필요로 하고, 한국어뿐만 아니라 한국 문화에 대해서도 알고 싶어한다.

[스토리텔링 형식의 본문과 사례 제공]

쉽게 읽으면서도 단원의 내용을 이해하는 데 길잡이가 될 수 있도록 본문을 스토리텔링 형식으로 구성하였습니다. 내용 제목을 넣어 흥미가 있는 부분을 먼저 찾아 읽어도 흐름을 따라갈 수 있도록 하였습니다.

[본문 내용과 관련된 팁]

본문의 이해를 돕고 보충 자료를 제공하기 위한 팁을 반영하였습니다.

**빨간펜의 두 얼굴**

선생님들은 보통 학생들의 오류를 빨간색 볼펜으로 고치는 경우가 많다. 틀린 부분이 눈에도 잘 띄고 학생들에게 주의를 주는 느낌도 들기 때문이다. 그렇지만 학생에 따라 빨간색으로 수정하는 것을 매우 불쾌해하는 경우도 있다. 빨간색은 일반적으로 경고와 주의를 환기시키는 역할을 하지만 때로는 위협적으로 느껴질 수도 있기 때문이다. 따라서 빨간색만 고집하지 말고 눈에 잘 띄는 분홍색이나 주황색, 또는 초록색 등의 펜으로 수정을 하는 것도 시도해 볼 수 있다.

**한 걸음 더**

한국어 교사가 갖추어야 할 자질과 역량에 대해 더 깊이 살펴보려면 다음의 논저를 참고할 수 있다.

노순희(2012), 다문화적 교수 역량 강화를 위한 국어 교사교육 연구, 새국어교육 90, 113-148쪽.
민현식(2005), 한국어 교사론 - 21세기 한국어 교사의 자질과 역할, 한국어 교육 16-1, 131-168쪽.
윤여진(2009), 한국어 교사의 이문화간 소통능력 구성요인에 대한 탐색적 연구, 한국어 교육 20-2, 85-105쪽.

[심도 있는 학습을 위한 논저 추천]

단원의 내용과 관련하여 심도 있는 학습을 하고자 하는 독자, 풍부한 교육 자료를 찾고 있는 한국어 교육자 및 연구자에게 유용한 정보를 제공하였습니다.

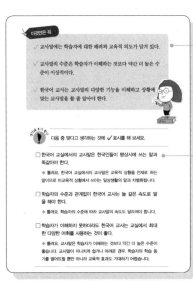

**[핵심 내용의 최종 확인]**
각 단원에서 학습한 내용을 다시 한 번 짚고 넘어갈 수 있도록 최종적으로 요점을 정리하였습니다.

**[생각해 보기 확인]**
단원의 앞에 제시된 '생각해 보기' 문제에 대한 해설을 제공하여 한국어 교육에 대한 이해의 폭을 넓힐 수 있도록 돕습니다.

**[참고]**
각 단원에서 학습한 내용을 확장해 나아갈 수 있도록 관련 논저의 주요 내용을 소개하거나 교육 현장에서 활용할 수 있는 실제적인 자료를 제공하였습니다.

**이해 가능한 입력(i+1)**

'이해 가능한 입력(Comprehensive input)'이란 학습자가 현재 능력에서 이해할 수 있는 것이 'i'라고 할 때 그것보다 약간 높은 수준, 즉 'i+1' 정도의 언어에 노출되는 것이 좋다는 의미다. 이해 가능한 입력은 크라센(Krashen)이 주장한 이론으로, 특히 듣기와 읽기 수업에 시사하는 바가 많다. 외국어 듣기를 연습하거나 배울 때 학습자의 현재 능력보다 약간 높은 단계의 수준에 노출되는 것이 학습 효과가 가장 높다는 것이다. 그러나 너무 쉽거나 어려우면 학습 동기가 떨어질 우려가 있으므로 교사말의 수준을 잘 조절해야 한다.

차
례

한국어 만세 시리즈 **①**

제1부

# 한국어 교사,
# 나는 누구인가

# 01 작은 재능이 빛나는 순간

수업에 활용할 수 있는 자신의 재능 발굴하기

● 이주여성 대상의 한국어 방문 지도사로 제2의 인생을 꿈꾸게 된 B씨. B씨의 대학 전공은 식품영양학이었다. 졸업 후 15년간 주부의 삶에만 충실했다. B씨만의 강점을 살려 좋은 한국어 선생님이 되는 방법이 없을까?

● 어렸을 때부터 손재주가 남다르다는 말을 자주 들었던 H씨. 웬만한 것은 간단한 그림으로 쉽게 표현할 수 있다. 이러한 재능이 한국어 교사가 되었을 때 어떻게 쓰일 수 있을까?

생각해 보기

**?** 다음 중 맞다고 생각하는 것에 ✔ 표시를 해 보세요.

☐ 한국어 교사는 반드시 국어국문학 관련 전공자여야 한다.

☐ 한국 요리, 사물놀이 등을 배워 두면 수업 시간에 한국 문화를 소개할 때 유용하다.

☐ 한국어 교사는 한국어를 가르치는 직업이므로 외국어 능력은 필요하지 않다.

## 自 자신의 삶에서 한국어 교육 현장으로

최근 한국어 교육에 대한 수요가 급증하면서 한국어를 가르치는 일에 관심을 갖는 이들이 많아졌다. 한국어 교육을 전공하고 한국어 교사가 되는 길을 본격적으로 모색해 온 사람들도 있지만 아주 우연한 기회에 한국어 교육에 관심을 두게 된 사람들도 적지 않다.

오랜 기간 가정주부로서의 삶에 충실하다가 봉사활동을 계기로 한국어를 가르치기 시작하거나 해외에 거주하게 되면서 현지인들에게 한국어를 알리는 일을 접하는 경우도 있다. 그런가 하면 초등학교 교사로서 다문화가정의 아이들을 지도하면서 한국어 교육에 대한 공부의 필요성을 느끼게 되는 경우도 있고, 제2의 인생을 설계하면서 재능기부의 일환으로 한국어를 가르쳐야겠다고 마음먹게 되는 등 한국어 교육에 뜻을 품게 된 배경은 저마다 다양하다.

그렇다면 지금까지 쌓아 온 자신의 경력이나 재능이 한국어를 가르칠 때 어떻게 활용될 수 있을까? 한국어 교사가 되었을 때 자신만의 강점을 살릴 수 있는 방법은 무엇일까?

## 自 전업주부에서 한국어 교사로: 요리로 배우는 한국어 수업

이주여성 대상의 한국어 방문 지도사로 제2의 인생을 꿈꾸게 된 B씨. B씨의 대학 전공은 식품영양학이었다. 그리고 졸업 후 15년을 주부의 삶에만 충실했다. 지금까지 언어에 대한 관심이 유별난 것도 아니었고, 누군가를 가르치는 것에 딱히 흥미를 느껴 본 적도 없다. 3년 전에 문화센터의 요리 교실에서 우연히 필리핀 친구를 사귀기 전까지는 말이다. 이제는 한국어교원 양성과정을 이수하고 나름대로 열심히 노력해서 드디어 한국어 방문 지도사로서 첫발을 내딛게 되었다.

아직 한국어를 잘 가르치는 것에는 자신이 없지만 요리와 살림에는 '여왕'이라는 수식어가 부끄럽지 않을 정도의 B씨는 자신만의 강점을 살려 특별한 한국어 수업을 구상했다. B씨는 갓 시집 온 이주여성들이 한국식 가정 요리를 무척 배우고 싶어 한다는 것에 주목하고, 간단하면서도 집에서 자주 해 먹는 반찬을 같이 만들어 보는 것을 수업 내용에 반영해 보았다. 이주여성의 한국어 수준을 고려해서 필요한 재료, 요리 설명 등을 최대한 짧고 쉬운 표현으로 알려 주고 사진이나 그림도 충분히 활용했다. 한국 요리를 실습한 날의 숙제는 그날 배운 요리를 직접 만들어서 가족들과 함께 먹는 것이다.

다음 수업은 이주여성의 한국 요리 경험담과 가족들의 반응에 대해 자유롭게 이야기하는 것으로 시작했다. 혼자서 한국 요리를 하는 데에 어려움은

없었는지, 맛은 어땠는지, 가족들이 뭐라고 말했는지 등을 말해 보라고 하니 이야기가 그칠 줄을 몰랐다. 대화를 주고받는 과정에서 한국어로 잘 표현하지 못하는 말이 있을 때마다 도움을 주면서 수업을 진행했더니 학생들의 만족도도 아주 높았다.

## 🏛 시각적인 표현 능력의 발휘: 그림 그려 주는 한국어 선생님

어렸을 때부터 손재주가 남다르다는 말을 자주 들었던 H씨. 미술 학도로서의 꿈을 이루지는 못했지만 여전히 그의 취미는 그림 그리기다. 이제는 어떤 것이든 그림으로 간단히 표현해 내는 것이 어렵지 않은 수준에 이르렀다.

현재 H씨는 지역아동센터에서 다문화가정의 중도입국자녀를 대상으로

한 한글 자모반 수업(초급)의 강사로 봉사를 하고 있다. 인원은 많지 않지만 학생들의 국적은 중국, 필리핀, 베트남 등으로 다양하다. 모든 학생들과 소통할 수 있는 공용어가 없고 학생들의 연령도 초·중생이 섞여 있어 수업에 애로 사항이 많다. 간혹 한자나 영어 단어를 제시하면 이해하는 학생들도 있지만, 오로지 한국어에만 의존해서 설명해야 하는 상황이 대부분이다.

대안을 생각하던 H씨는 소통의 매개체로 그림을 이용하기로 했다. 학생들이 잘 못 알아듣는 어휘나 상황을 제시해야 할 때 간단한 그림을 그려서 보여 주었다. 신기하게도 학생들은 어떠한 설명보다도 그림을 더 빨리 이해했다. 가령, '가'로 시작하는 단어를 가르치면서 '가방', '가수', '가위', '가면' 등을 그려 주고 발음을 따라하도록 하니 학생들이 공부를 즐거워했다.

## 🏠 '한국어'라는 무대에서 펼치는 꿈

일반 회사에서 10년째 성실히 근무하고 있는 S씨. 고등학교 때까지 품었던 꿈은 연극 감독이었다. 틈틈이 희곡을 써 보기도 하고 학교 축제 때 작은 연극 무대를 성공시키면서 연극 감독으로서의 꿈을 키웠다. 하지만 부모님의 강한 반대에 부딪혀 연극을 접은 지 오래다. 이제 회사 일에 익숙해졌고 큰 불만도 없지만 반복되는 일상에 다소 지쳐 있었다. 그러던 중 교회에서 하는 주말 봉사 프로그램을 통해 한국어로 하는 연극 수업을 맡게 되었다.

오늘은 그간 학생들과 함께 연습해 온 작품을 발표하는 날이다. 한국어가 아직 유창하지 않은 한국어 학습자들의 수준을 고려해서 희곡을 최대한 쉽게 쓰고 틈이 날 때마다 학생들의 발음과 동작을 교정해 주며 연습시키는 과정이 쉽지는 않았다. 하지만 무대에서 한국어로 공연을 하는 학생

들의 모습을 보면서 S씨는 왠지 자신이 잊고 있었던 꿈을 실현한 것 같아
서 가슴이 뭉클했다.

## 🏠 한국어 교육에 '자신'을 이용하기

　한국어 교사는 언어에 대한 지식을 가르치는 것이 아니라 언어의 사용 방
법을 알려 주는 일을 한다. 따라서 풍부한 배경지식과 경험을 가진 한국어
교사일수록 한국어를 언제 어디서 어떻게 사용해야 하는가를 전달할 때 유
리한 점이 많다. 자신이 좋아하고 잘하는 분야가 있다면 그것을 한국어 수
업에 발휘할 기회가 무궁무진하다. 요리, 그림, 노래, 운동, 악기, 자수, 서예,
예쁜 한글 쓰기(캘리그라피), 컴퓨터 등 꼭 거창하지 않더라도, 전문가의 수
준이 아니더라도 평소 자신이 즐겨 하는 무언가를 한국어 수업에 활용해

볼 수 있다.

만약 '한국어'라는 언어적 도구를 효율적으로 사용할 수 있는 방법, 자신의 재능을 수업에 활용하는 방법을 진지하게 고민하고 있다면 당신은 이미 충분히 훌륭한 교사다.

**한 걸음 더**

한국어 교사가 갖추어야 할 자질과 역량에 대해 더 깊이 살펴보려면 다음의 논저를 참고할 수 있다.

노은희(2012), 다문화적 교수 역량 강화를 위한 국어 교사교육 연구, 새국어교육 90, 113-148쪽.

민현식(2005), 한국어 교사론 – 21세기 한국어 교사의 자질과 역할, 한국어 교육 16-1, 131-168쪽.

원미진(2009), 한국어 교사의 이문화간 소통능력 구성요인에 대한 탐색적 연구, 한국어 교육 20-2, 85-105쪽.

✔ 한국어 교사로서 발휘할 수 있는 자신의 재능과 자질을 적극적으로 발굴하는 것이 좋다.

✔ 한국어 교사는 한국어에 대한 지식을 전달하는 것이 아니라 한국어라는 언어적 도구를 잘 사용할 수 있는 방법을 알려 주는 일을 한다.

✔ 한국어 교사로서 자신의 강점이 무엇인지 생각해 볼 필요가 있다.

생각해 보기 확인! 다음 중 맞다고 생각하는 것에 ✔ 표시를 해 보세요.

☐ 한국어 교사는 반드시 국어국문학 관련 전공자여야 한다.

➡ 틀려요. 국어국문학 관련 전공자가 타 전공자보다 유리한 측면이 있기는 하지만 필수 조건은 아닙니다. 또한 국어국문학 전공자라고 해서 모두 한국어를 쉽게 가르칠 수 있는 것은 아닙니다.

☑ 한국 요리, 사물놀이 등을 배워 두면 수업 시간에 한국 문화를 소개할 때 유용하다.

➡ 맞아요. 한국어로 가르칠 수 있는 내용이 풍부할수록 한국어 교사로서의 역량도 폭넓어집니다.

☐ 한국어 교사는 한국어를 가르치는 직업이므로 외국어 능력은 필요하지 않다.

→ 틀려요. 외국어 학습의 경험이 많은 교사일수록 학습자에 대한 이해와 배려도 그만큼 깊습니다. 한국어 교사가 학습자의 언어를 이해하고 있다면 한국어를 가르치는 방법과 내용을 구상할 때 많은 참고가 됩니다.

## 한국어 교사의 자질

민현식(2005)은 한국어 교사가 가져야 할 자질을 황기우 편(1998), Brown(2001)을 참고로 하여 다음과 같이 정리하였다. 이 가운데 한국어 교사로서 자신의 강점은 무엇인지, 부족한 부분은 무엇인지 생각해 보자.

● 교육자적 자질

- 인간으로서의 교사: 보호하는 역할
- 동료로서의 교사: 원조하는 역할
- 동역자로서 학부모와 교사: 상호 보완적인 역할
- 학습자의 이해자로서의 교사: 양육하는 역할
- 학습의 촉진자로서의 교사: 상호작용의 역할
- 연구자로서의 교사: 실험하는 역할
- 프로그램 개발자로서의 교사: 창조하는 역할
- 관리자로서의 교사: 계획하는 역할
- 교직으로의 이행: 열망하는 역할
- 의사 결정자로서의 교사: 문제해결의 역할
- 전문적인 지도자로서의 교사: 도전하는 역할

● 언어적 자질

- 한국어 능력과 지식
- 영어 능력과 지식
- 학습자 모어 이해 및 구상 능력과 지식
- 대조언어학적 지식

● 언어교육자적 자질

- 언어학습과 언어교수의 이론적 지식

- 여러 교수환경과 교실 조건을 분석하는 기술

- 교수기법의 이해와 실천 능력

- 필요에 따라 교수법을 바꿀 수 있는 능력

- 여러 교수법을 접한 실제 경험

- 자신과 학생에 대한 정보 지식

- 대인 의사소통 기술

- 융통성 있는 태도와 변화에 대한 개방성

출처: 민현식(2005), 한국어 교사론-21세기 한국어 교사의 자질과 역할, 한국어 교육 16-1.
참고: 황기우 편(1998), 21세기 교사의 역할 생태학적인 관점, 원미사.
　　　Brown H. Douglas(2001), Teaching by Principles: An Interactive Approach to Language Pedagogy, Longman.

# 02 한국인이라면 누구나?

누구나 될 수 있지만 아무나 될 수 없는 한국어 교사

● 사회복지학을 공부하고 다문화가족지원센터에서 이주여성과 자녀를 돕고 있는 O씨. 지난달부터 이주여성에게 한국어를 가르치고 있다. '가나다라……'만 가르치면 된다는 생각에 부담 없이 시작했는데, 앞으로 무엇을, 어떻게 가르쳐야 할지 걱정이다.

● 한국에서 회사에 다니다가 가족과 함께 미국으로 이민을 간 P씨. 대학에서 영어를 전공해서 영어는 잘할 수 있는데, 한글학교에서 한국어를 가르치려면 무엇을 더 준비해야 할까 고민이다.

● 대학에서 국어학을 공부한 T씨. 국어 교사를 꿈꾸며 임용고시를 준비하던 중 한국어 교사에 대한 정보를 듣고 고민이 시작됐다. 국어를 가르칠 자신은 있는데, 한국어를 모르는 외국인들은 도대체 어떻게 가르쳐야 할까?

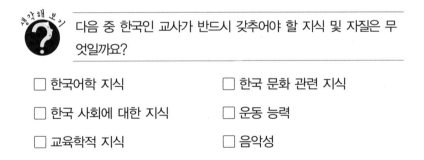

생각해 보기 ? 다음 중 한국인 교사가 반드시 갖추어야 할 지식 및 자질은 무엇일까요?

☐ 한국어학 지식          ☐ 한국 문화 관련 지식

☐ 한국 사회에 대한 지식          ☐ 운동 능력

☐ 교육학적 지식          ☐ 음악성

## 🏠 한국인이라면 누구나?

　요즘 한국어 교사라는 직업에 관심을 갖는 사람들이 부쩍 많아졌다. 한국어 교사가 어떤 일을 하는지, 한국어 교사가 되려면 어떻게 해야 하는지를 물어보는 사람도 많다. 이 중에는 자신이 한국인이니까 한국어를 가르치는 일이 쉬워 보이고, 한국어를 이해하고 한국어로 말하는 데에 지장이 없으니 별도의 교육이나 훈련 없이도 한국어를 가르칠 수 있다고 생각하는 사람도 더러 있다. 과연 한국 사람이라면 누구나 한국어 교사가 될 수 있을까? 한국어 교사가 되기 위해서 준비해야 할 것은 없을까?

## 🏠 한국어를 아는 것과 가르치는 것의 차이

　한국인이라면 누구나 한국어 교사가 될 수 있다는 생각이 틀린 것은 아니다. 한국어를 이해하고 표현하는 데 지장이 없으며 누구와도 한국어로 유창하게 소통이 가능하다는 것은 한국어 교사가 되기 위한 필수 조건이 충족된 것을 의미한다. 더군다나 특별한 준비가 없어도 인사말과 기초적인 대화를 외국인에게 가르쳐 줄 수 있고, 초·중·고 시절에 국어 문법도 배웠으니 한국어를 가르치는 일이 그리 어렵게 느껴지지는 않을 것이다. 하지만 한국어를 알고 있고 사용할 수 있다는 것이 곧 한국어를 가르칠 수 있음을 의미하지는 않는다.

• 여러분이 한국어에 대해 어느 정도 알고 있는지 확인해 볼까요?

## 1. 한국어 발음 퀴즈

◉ 다음 단어를 소리 나는 대로 쓰세요.
같이 [      ]

◉ 위와 같이 읽는 이유는 무엇인가요?

◉ 한국어를 처음 배우는 외국인에게 그 이유를 어떻게 설명하겠습니까?

## 2. 한국 문화 퀴즈

◉ 한국에서는 동짓날 무슨 음식을 먹습니까?
① 송편   ② 떡국   ③ 팥죽   ④ 삼계탕

◉ 왜 그 음식을 먹나요?

◉ 한국어를 처음 배우는 외국인에게 그 이유를 어떻게 설명하겠습니까?

➜ 정답 •39쪽

　　실제로 외국인 학생들을 만나서 가르치다 보면 한국어의 발음과 음운 변동 규칙, 문법과 맞춤법, 단어의 구성과 의미, 한국의 사회 현상과 한국 문화, 역사 등 다양한 지식이 필요하다는 것을 깨닫는다. 우리는 한국어로 듣고 말하고 읽는 것에는 익숙하지만 한국어를 '외국어의 하나'로서 객관적으로 바라보고 설명한 적이 없기 때문에 이것을 다른 사람들에게 설명하는 것이 얼마나 어려운지를 피부로 느끼게 되는 것이다. 특히 우리가 설명하는 대상이 한국어를 제대로 이해하지 못하고 우리의 문화에 친숙하지 않은 외국인이라면 더욱 그렇다.

한국어를 가르칠 수 있는 사람이 정해진 것은 아니지만 준비 없이 아무나 가르칠 수는 없다. 한국어로 듣고 말할 수 있다고 해서 곧 한국어를 잘 가르칠 수 있는 것은 아니기 때문이다. 초·중·고등학교 교사가 자신의 과목에 대한 전문적인 지식을 가지고 학생들의 학년과 수준, 가르칠 내용에 따라 교수법을 달리하듯이, 한국어 교사도 한국과 한국어에 대한 지식을 바탕으로 외국인들에게 효과적으로 가르칠 수 있는 방법을 끊임없이 개발해야 한다. 그렇다면 한국어 교사가 되기 위해서 무엇을 준비해야 할까?

##  한국어에 대해서 알기

한국어 교사는 '한국어'를 가르치는 사람이므로 우선 한국어에 대해서 잘 알아야 한다. 한국어에 대한 이해의 폭을 넓혀야 하고, 다른 언어와의 관계 속에서 한국어가 차지하는 위치와 특징을 알아야 한다. 이를 위해 언어학과 국어학 관련 개론서를 정독하고 기본적인 지식을 쌓도록 노력해야 한다. 물론 한국어 교사가 한국어에 대한 지식을 외국인에게 그대로 전달하는 것은 아니다. 그러나 한국어의 발음과 음운 규칙, 그리고 어휘와 문법, 문장 구조와 화용적 특징 등에 대해서 정확하게 알고 있어야 외국인 학습자들의 눈높이에 맞게 적절한 방법으로 설명할 수 있다.

한국어의 특징과 문법에 관한 기본적인 내용을 알고 싶다면 『국어학 개설』(이익섭, 2011), 『외국어로서의 한국어학개론』(김진호, 2010), 『표준국어문법론』(남기심·고영근, 2014)을 참고할 수 있다.

## 🏠 한국어를 가르치는 방법에 대해서 알기

한국어 교사가 되기 위해서는 한국어에 대해 아는 것만으로는 부족하다. 한국어 교사는 효율적인 한국어 교육 방법에 대해서도 관심을 가져야 한다. 모국어를 가르치는 것과 외국어를 가르치는 것은 그 출발점 자체가 다르기 때문에 교수법에 많은 차이가 있다. 우리가 한국어학에 관해서 아무리 체계적으로 안다고 해도 외국어로서의 한국어 교수법에 대해 배우지 않고서는 한국어를 외국인에게 제대로 가르치기가 어렵다.

예를 들어, 한국어를 처음 배우는 외국인들에게 한국어에는 9개의 품사와 7개의 문장 성분이 있다고 아무리 열심히 설명한들 그들이 제대로 이해할 수 있을까? 설령 그들이 이해한다고 해도 그것이 외국인들에게 실제로 필요한 지식인지도 다시 생각해 봐야 한다. 유치원생에게는 유치원 수준에서 그들의 지적·정서적·신체적 특징을 고려해서 가르쳐야 하듯이, 외국인에게도 그들의 수준과 특성을 고려해서 가장 효율적으로 한국어를 가르치는 방법을 찾아내야 한다. 우선은 그들의 필요와 수준에 따라 가르칠 내용을 정하고, 나이, 모국어, 학생들의 성격 등에 따라 효과적인 방법과 자료를 준비해야 한다. 따라서 훌륭한 교사는 학습자에게 적합한 교수 내용을 뽑아낼 수 있어야 하며, 이를 효과적으로 전달할 수 있는 교수 방법과 적합한 교수 자료를 가지고 수업을 진행할 수 있는 능력을 키워야 한다.

한국어 교수법에 관한 기본적인 내용을 알고 싶다면 『한국어 교수법의 실제』(곽지영 외, 2007), 『현장 중심의 한국어 교수법』(우형식 외, 2011), 『외국어 학습·교수의 원리』(Douglas Brown, 2007)를 참고할 수 있다.

## 🏠 한국 사회와 문화에 대해서 알기

한국어 교사 모두가 한국 문학, 한국 문화, 또는 한국 사회 전반에 걸친 전문가가 될 수는 없지만 적어도 한국의 문화와 사회에 대한 관심을 지속적으로 가지고 있어야 한다.

요즘 한국어를 배우는 학생들 중에는 한국 영화나 드라마, 한국의 음악과 패션에 대해 관심을 가지고 있는 사람들이 많기 때문에 이런 문화적인 매체를 접촉점으로 삼아서 한국어를 가르칠 때 학생들이 큰 흥미를 가지고 참여하게 만들 수 있다. 학생들이 최근 일어나고 있는 국제적인 사건이나 한국에서 크게 이슈가 되고 있는 일들에 대해서 질문을 하면 이에 대한 한국인들의 시각을 어느 정도는 말해 줄 수 있어야 한다. 따라서 한국어 교사는 인터넷을 통해서 새로운 뉴스나 문화적인 흐름에 대한 관심을 지속적으로 가

### 👓 한국 사회·문화에 대한 관심도 테스트

• 여러분이 한국 사회와 문화에 대해 어느 정도 관심을 갖고 있는지 확인해 볼까요?

1. 오늘의 헤드라인 뉴스는 무엇이었나요?
2. 요즘 시청률이 높은 드라마는 무엇인가요?
3. 최근에 인기를 얻고 있는 가수나 그룹의 이름을 말해 보세요.

질 수 있도록 노력하는 것이 좋다.

한국의 사회 현상과 문화에 관해서 더 알고 싶다면『한국의 현대 문화론』(김채수, 2014),『한국문화읽기』(김해옥, 2010),『한국사회와 다문화』(이찬욱 외, 2012),『한국문화 교육론』(강승혜 외, 2010)을 참고할 수 있다.

## 🏛 외국과 외국인에 대해 마음 열기

한국어 교사는 꼭 외국어를 잘해야 할까? 반드시 그렇지는 않다. 한국어 교육 현장에는 다양한 국적의 학생들이 있고, 특정 언어(예: 영어)로 의사소통이 되지 않는 국가에서 온 학생들도 많다. 그리고 다국적 학생이 모인 그룹에서는 한국어로만 수업을 해야 하는 경우가 많기 때문에 반드시 외국어 능력이 탁월할 필요는 없다. 그렇지만 자신이 가르치고 있는 학생의 나라에 대한 기본적인 지식과 학생들의 언어·문화에 대한 이해가 있다면 큰 도움이 된다. 학생의 언어와 한국어의 차이를 비교해 줄 수 있고, 학생들과의 관계에서 문화적인 차이로 인한 실수를 줄일 수도 있기 때문이다. 학생의 모국어로 인사를 하거나 그 나라의 도시, 유명한 인물에 대한 이야기를 화제로 삼으면 서로 쉽게 가까워질 수도 있을 뿐만 아니라 학생이 교사로부터 존중과 관심을 받고 있다는 인상을 줄 수 있다. 타 문화와 언어에 대한 이해를 위해, 그리고 한국어를 공부하는 그들의 마음을 이해하기 위해 지금부터라도 외국어를 하나쯤 배우는 것도 좋은 방법이다.

한국과 다른 나라의 문화 차이를 알고 싶다면『외국어로서의 한·중 언어 문화 비교』(오정란·교지영, 2011),『한·중·일 밥상 문화』(김경은, 2012)를 더 읽어 보자.

한국어 교사가 알아 두면 좋은 각국의 인사말

"안녕하세요?"

| | |
|---|---|
| 영어 | Hi / Hello [하이/헬로우] |
| 일본어 | こんにちは [곤니치와] |
| 중국어 | 你好 [니 하오] |
| 프랑스어 | Bonjour(아침) [봉주르] / Bonsoir(저녁) [봉스와] |
| 스페인어 | ¡ Buenos días(아침) [부에노스 디아스] |
| | ¡ Buenas tardes(오후) [부에나스 타르디스] |
| | ¡ Buenas noches(밤) [부에나스 노체스] |
| 독일어 | Guten Morgen(아침) [구텐 모르겐] |
| | Guten Tag(낮) [구텐 탁] |
| | Guten Abend(저녁) [구텐 아벤트] |
| 베트남어 | Xin chào [신 차오] |
| 러시아어 | Привеéт [쁘리비에트] |
| 몽골어 | Сайн байна уу [센베노] |
| 인도네시아어 | apa kabar [아빠 까바르] |
| 터키어 | Merhaba [메르하바] |
| 아랍어 | اَلسَّلامُ عَلَيْحْم [앗살람 알라이쿰] |
| 포르투갈어 | ola [올라] |

# 🏠 한국어 교사라는 직업

한국어 교사라는 직업이 각광을 받는 것은 한국 사람으로서 매우 반가운 일이다. 그러나 누구나 할 수 있을 것 같지만 한편으로는 아무나 할 수 없는 일이 한국어 교사다. 한국어 교사는 '한국어 전문가', '한국어 교육 전문가', '한국 사회와 문화에 대해 풍부한 지식과 관심을 가진 사람', '외국과 외국인에 대해 열린 마음과 이해심을 가진 사람'이어야 할 뿐만 아니라, 끊임없이 자기 계발을 멈추지 않는 사람이어야 한다. 우리와 다른 문화권에 속한 학습자들에게 한국어라는 언어만을 가르치는 것이 아니라, 한국어를 중심으로 하여 한국인, 한국 문화, 한국 사회 등을 총체적으로 전달하는 직업이 바로 한국어 교사이기 때문이다.

### 한 걸음 더

한국어 교사로서의 기초적인 지식 함양을 위해 다음의 책을 읽어 보자.

강승혜 외(2010), 한국문화 교육론, 형설출판사.

곽지영 외(2007), 한국어 교수법의 실제, 연세대학교 출판부.

구본관 · 박재연 · 이선웅(2015), 한국어 문법 총론 I, 집문당.

김경은(2012), 한 · 중 · 일 밥상 문화: 대표 음식으로 본 3국 문화 비교, 이가서.

김진호(2010), 외국어로서의 한국어학개론, 박이정.

김채수(2014), 한국의 현대 문화론, 박이정.

김해옥(2010), 한국문화읽기, 에피스테메.

남기심 · 고영근(2014), 표준국어문법론, 박이정.

오정란 · 교지연(2011), 외국어로서의 한 · 중 언어 문화 비교, 박이정.

우형식(2011), 현장 중심의 한국어 교수법, 한글파크.

이익섭(2011), 국어학 개설, 학연사.

이찬욱 외(2012), 한국사회와 다문화, 경진.

H. Douglas Brown(2007), 외국어 학습·교수의 원리(제5판)(이흥수 외 공역), Pearson Education Korea.

**이것만은 꼭**

✓ 한국인이라면 누구나 한국어 교사가 될 수는 있지만 충분한 준비가 필요하다.

✓ 한국어 교사는 한국어에 대해서 알 뿐만 아니라 한국어를 가르치는 방법도 알아야 한다.

✓ 한국어 교사가 외국어를 반드시 잘할 필요는 없지만 외국어 학습 경험은 외국인을 이해하고 가르칠 때 도움이 된다.

 생각해 보기 확인 다음 중 한국인 교사가 반드시 갖추어야 할 지식 및 자질은 무엇일까요?

☑ 한국어학 지식　　　　☑ 한국 문화 관련 지식

☑ 한국 사회에 대한 지식　☐ 운동 능력

☑ 교육학적 지식　　　　☐ 음악성

➜ 한국어학, 한국 문화와 관련된 지식은 한국어를 가르칠 때 반드시 갖추어야 할 지식입니다. 그리고 효과적인 학습을 위해 교육학적인 지식도 필요합니다. 운동 능력이나 음악성은 한국어 교육에 도움이 될 수도 있겠지만 필수적인 지식이라고 할 수는 없습니다.

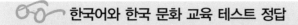 **한국어와 한국 문화 교육 테스트 정답**

• 여러분이 한국어에 대해 어느 정도 알고 있는지 확인해 볼까요?

## 1. 한국어 발음 퀴즈

◉ 다음 단어를 소리 나는 대로 쓰세요.

같이 [가치]

◉ 위와 같이 읽는 이유는 무엇인가요?

윗잇몸에서 나는 /ㅌ/ 소리가 뒤에 따라 나오는 센입천장 소리 /이/를 닮아서 센입천장 소리인 /ㅊ/으로 바뀌기 때문이다.

◉ 한국어를 처음 배우는 외국인에게 그 이유를 어떻게 설명하겠습니까?

다음과 같은 그림을 그려서 /ㅌ/ 소리가 /이/를 닮아 /ㅊ/으로 바뀐다는 것을 알려준다.

## 2. 한국 문화 퀴즈

◉ 한국에서는 동짓날 무슨 음식을 먹습니까?

① 송편   ② 떡국   ③ 팥죽   ④ 삼계탕

◉ 왜 그 음식을 먹나요?

팥죽의 붉은색이 귀신을 쫓아내고 나쁜 기운을 물리친다는 토속신앙에서 유래되었다.

◉ 한국어를 처음 배우는 외국인에게 그 이유를 어떻게 설명하겠습니까?

서양 문화와 비교하면서, 서양의 드라큘라가 십자가와 마늘을 싫어한다고 생각하는 것처럼 한국의 귀신은 빨간색을 싫어한다는 생각에서 비롯되었다고 설명할 수 있다.

# 03 한국어 교사가 되는 길

자신의 목표와 상황에 맞는 한국어 교사의 길 찾기

● 평소 외국 친구와의 교류에 관심이 많은 D씨. 이웃에 사는 외국인에게 한국어도 가르쳐 주면서 가깝게 지내고 싶다. 직장인이라 시간적인 여유가 많지 않지만 한국어 교육을 공부할 수 있는 방법이 없을까 찾아보고 있는 중이다.

● 베트남 선교활동을 준비하는 A씨. 요즘 베트남에서 한국어에 대한 인기가 높아져서 한국어 교사 자격증을 취득하고 선교지로 가면 좋다는 말을 자주 접한다. 그런데 짧은 시간 안에 한국어 교사 자격증을 받을 수 있는 방법이 있을지 모르겠다.

● 고등학교 졸업반 M씨. 중학교 때부터 언어에 관심이 많아서 국제교류 동아리를 통해 여러 나라 친구를 많이 사귀었다. 이제는 대학에 들어가 정식으로 한국어 교육을 전공하고 한국어 교사가 되고 싶은데, 국문학과를 가야 할지 한국학과를 가야 할지 모르겠다.

 다음 중 한국어 교사가 되는 방법으로 맞는 것을 찾아보세요.

☐ 한국어를 가르치려면 꼭 한국어 교원 자격증을 받아야 한다.

☐ 온라인 교육으로도 한국어 교원 자격증을 받을 수 있다.

☐ 대학교나 대학원에서 한국어를 전공하면 한국어 교원 1급 자격증을 받을 수 있다.

☐ 한국어 교사가 되는 방법은 법으로 정해져 있다.

# 한국어 교사가 되고 싶다면

　최근 몇 년 사이 한국에 다문화가정이 급증하고 주위에서 외국인들을 쉽게 만나게 되면서 외국인들에게 한국어를 가르쳐 보고 싶다는 생각을 하는 사람들이 늘고 있다. 자원봉사로 한국어를 가르치고 싶은 사람, 선교를 위해 한국어를 가르치고 싶은 사람부터 전문적인 한국어 교사가 되어 한국어의 세계화에 기여하고 싶다는 꿈을 가지고 있는 사람에 이르기까지 한국어 교사가 되려는 이유는 저마다 다양하다. 한국어 교육에 대한 관심은 있지만 전문적인 훈련을 어떻게 받을 수 있는지 몰라서 망설이는 사람들도 많다.

　한국어를 가르치기 위해 반드시 전문적인 훈련을 받아야 하는 것은 아니다. 자신이 외국어를 배워 본 경험을 살려서 간단한 인사말부터 가르칠 수도 있고, 좋은 한국어 교재를 골라 스스로 연구해서 가르칠 수도 있다. 그러나 요즘은 한국어 교사가 되는 방법이 다양하고 체계화되어 있어 의지만 있다면 누구나 한국어 교육 전문가 과정에 발을 들여 놓을 수 있다.

# 자신의 상황에 맞는 방법 찾기

　한국어 교사가 되는 방법에는 대학이나 대학원에서 전문적으로 한국어를 전공하는 방법, 사이버 대학이나 학점은행제를 통해서 온라인으로 해당 과목을 수강하는 방법, 평생교육원의 단기 연수 과정을 통해 공부하는 방법 등 다양한 길이 있다. 이 중에서 자신의 상황과 목적에 따라 가장 적합한 방법을 찾아서 준비하면 된다.

## ■ 단기 교사 양성 과정

선교지에서 한국어를 배우고 싶어 하는 사람이 많아요. 안식년 동안 한국어 교육에 대해서 배우고 싶어요.

단기간에 한국어 교육에 관한 전반적인 흐름을 파악하고 싶은 사람은 120시간 동안 한국어 교원 연수를 받는 과정을 이용할 수 있다. 이 과정에서는 한국어학적 지식과 한국어 교육론, 언어 습득론 등 한국어 교육과 관련된 기초적인 지식을 단기간에 훑어보므로, 한국어 교육에 대한 개념을 잡는 데 도움을 얻을 수 있다. 겨울이나 여름에 한 달 동안 집중적으로 운영하는 곳도 있고, 일주일에 한두 번 수업을 듣는 3개월~1년짜리 프로그램도 있다.

## ■ 사이버 대학 학위 과정, 학점은행제 과정

직장인이나 가정주부와 같이 시간을 내기가 자유롭지 못한 사람들은 온라인으로 수업을 듣는 사이버 대학을 추천한다. 강의는 온라인으로 이루어지지만 특강이나 실습은 오프라인으로 진행되기 때문에 수업 현장의 분위기도 파악할 수 있다. 그리고 최근에는 학점은행제 과정도 인기가 높은데, 학점은행제는 시기나 기간에 관계없이 정해진 학점만 이수하면 되기 때문에 자신의 형편과 시간에 맞춰 공부를 할 수 있는 것이 장점이다.

저는 일을 하고 있어서 지금은 시간 여유가 없지만 언젠가 한국어를 가르치고 싶어요.

■ 대학, 대학원의 학위 과정

저는 한국어와 한국 문화 전문가가 되고 싶어요.

한국어 교육에 대해서 전문적인 지식과 훈련을 받고 싶다면 대학이나 대학원에서 한국어 교육 관련 강의를 듣고 학위를 취득하는 과정을 권한다. '학위 과정'은 외국어로서의 한국어 교육을 전공, 복수전공, 부전공으로 하여 한국어 교육과 관련 있는 학과목을 수강하고 학사 및 석사 학위를 받는 과정이다. 한국어학과나 한국어문화학과 또는 외국어로서의 한국어교육과 등에서 '한국어 교육'을 전공할 수 있다. 최근에는 국어국문학과에서도 한국어 교육 전공을 세부 전공으로 두는 곳이 늘고 있다.

## 🏛 한국어 교원 자격증에 도전하기

한국어 교원 자격은 「국어기본법」에 의해 정해진 국가 공인 자격이다. 이 법이 제정되기 전에도 한국어 교사 연수 과정이나 학부나 대학원 등에 한국학과, 한국어 교육 전공 등이 개설되긴 했지만 체계적

'한국어 교원'은 「국어기본법 시행령」 제13조 제1항에서 '재외 동포나 외국인을 대상으로 국어를 가르치는 자'로 정하고 있어요.

인 관리가 이루어지지 않았고, 한국어 교사의 자격 또한 공식적으로 인정을 받지 못했다. 그러다 2005년부터는 「국어기본법」에 한국어 교원의 자격 요건이 상세히 기술되면서 일정한 조건을 갖춘 사람에게는 국가가 한국어 교원 자격을 부여하게 되었다. 이에 한국어 교원 자격증이 공식적인 효력

을 가지게 되었다.

한국어 교원 자격 제도는 1급, 2급, 3급으로 나뉜다. 정해진 절차에 따라 3급에서 2급으로, 그리고 2급에서 1급으로 승급이 가능하다.

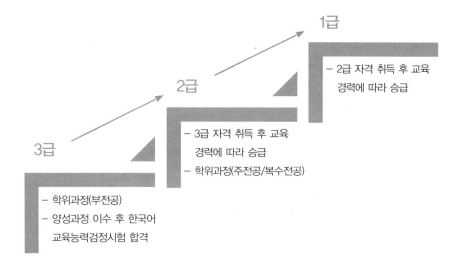

1급
– 2급 자격 취득 후 교육 경력에 따라 승급

2급
– 3급 자격 취득 후 교육 경력에 따라 승급
– 학위과정(주전공/복수전공)

3급
– 학위과정(부전공)
– 양성과정 이수 후 한국어 교육능력검정시험 합격

■ 한국어 교원 3급 자격증을 받으려면?

한국어 교원 3급 자격증을 받는 방법은 두 가지가 있다.

첫째, 외국어로서의 한국어교육 분야를 부전공으로 하여 「국어기본법 시행령」에서 정한 영역별 필수이수학점을 취득한 후(21학점) 학사 학위를 취득하면 된다.

둘째, 한국어교원양성과정(120시간)을 이수한 후 한국어교육능력검정시험에 합격하면 3급 자격증을 발급받을 수 있다(한국어교육능력검정시험에 대해서는 50~52쪽의 '한국어 교원 자격증 더 알아보기' 참조).

■ 한국어 교원 2급 자격증을 받으려면?

한국어 교원 2급 자격증은 다음과 같은 방법으로 취득할 수 있다.

첫째, 대학이나 대학원에서 학위를 취득하는 방법이다. 외국어로서의 한국어 교육 분야를 주전공 또는 복수전공으로 해서 「국어기본법 시행령」에서 정한 영역별 필수이수학점(45학점)을 취득한 후 학사 이상의 학위를 취득하면 2급 자격을 취득할 수 있다. 최근에는 사이버 대학이나 학점은행제를 실시하는 기관에서 온라인으로 수업을 들어도 필수이수학점만 채우면 한국어 교원 2급 자격증을 받을 수 있다.

둘째, 승급을 통한 방법이다. 한국어 교원 3급 자격을 취득한 후에 「국어기본법」에서 지정한 기관에서 3년 이상(또는 5년 이상) 근무하고 총 1,200시간(또는 2,000시간) 이상 한국어 교육 경력을 쌓으면 2급 자격을 취득할 수 있다. 한국어교육을 부전공으로 공부해서 3급을 받은 사람은 3년(1,200시간) 이상의 교육 경력이 필요하고, 한국어교육능력검정시험으로 3급을 취

> 한국어 교원 승급을 위해서는 한국어 교육 경력이 필요한데, 다음의 기관에서 가르친 경우에만 교육 경력을 인정받는다는 점을 유의할 필요가 있다.
>
> - 외국어로서의 한국어 강의가 개설된 국내 대학 및 대학부설기관, 국내 대학에 준하는 외국의 대학 및 대학부설기관
> - 외국어로서의 한국어 수업이 개설된 국내외 초·중·고등학교
> - 외국어로서의 한국어를 가르치는 국가, 지방자치단체 또는 외국 정부 기관
> - 「재한외국인 처우 기본법」 제21조에 따라 외국인 정책에 관한 사업을 위탁받은 비영리법인 또는 비영리단체
> - 「외교부와 그 소속기관 직제」 제55조에 따른 문화원 및 「재외국민의 교육지원 등에 관한 법률」 제28조에 따른 한국교육원
> - 그 밖에 문화체육관광부 장관이 「국어기본법 시행령」 제13조 제3항에 따른 한국어교원자격심사 위원회의 심의를 거쳐 한국어 교육 경력이 인정되는 기관 등으로 정하여 고시하는 기관 등

득한 사람은 5년(2,000시간) 이상의 경력이 필요하다.

### ■ 한국어 교원 1급 자격증을 받으려면?

한국어 교원 1급 자격증을 받으려면 한국어 교원 2급 자격을 취득한 후 지정된 기관 또는 단체에서 5년 이상 근무하면서 총 2,000시간 이상 외국어로서의 한국어를 가르친 경력이 있어야 한다. 따라서 대학원에서 박사 학위를 취득하더라도 한 번에 1급 자격증을 받을 수는 없다.

## 그리 멀지 않은 한국어 교사의 길

이제는 평생 직장이 사라진 대신 평생 교육 시대가 왔다. 자신이 원하는 교육을 받을 수 있는 기회는 다양하게 마련되어 있다. 중요한 것은 자신의 의지다. 한국에 거주하는 외국인이나 다른 나라에 살고 있는 외국인 이웃들에게 한국어와 한국 문화를 전할 한국어 교사가 되고 싶다면, 이 일을 진정으로 원한다면, 생각으로 머물지 말고 행동으로 옮겨 보자. 짧게는 한두 달, 길게는 2~4년이 지난 후에 당신은 멋진 한국어 교사가 되어 있을 것이다. 한국어 교사로 가는 길은 그리 멀리 있지 않다.

**한 걸음 더**

한국어 교사가 되는 방법이나 한국어 교원 자격증에 대해서 더 알아보고 싶다면 다음을 참고할 수 있다.

국립국어원 누리집 한국어 교원 http://kteacher.korean.go.kr
조항록(2010), 한국어 교육정책론, 한국문화사.

✓ 한국어 교원 자격 제도는 「국어기본법」에 정해져 있다.

✓ 단기간의 연수 과정을 이수한 후 한국어교육능력검정시험에 합격하면 한국어 교사가 될 수 있다.

✓ 사이버 교육 과정이나 학점은행제 과정을 통해서도 한국어 교사가 될 수 있다.

✓ 대학이나 대학원에서 한국어 교육을 전공으로 공부할 수 있다.

 다음 중 한국어 교사가 되는 방법으로 맞는 것을 찾아보세요.

☐ 한국어를 가르치려면 꼭 한국어 교원 자격증을 받아야 한다.

➡ 틀려요. 한국어 교원 자격증을 받지 않고도 자원봉사로 한국어를 가르치거나 한국어 교육 기관에서 가르칠 수는 있습니다. 그러나 최근에는 각 기관에서 자격증을 가진 사람을 원하고 있습니다.

☑ 온라인 교육으로도 한국어 교원 자격증을 받을 수 있다.

➡ 맞아요. 사이버 대학이나 학점은행제 등 온라인으로 강의를 듣고 자격증을 취득할 수 있는 과정이 많이 생기고 있습니다.

☐ 대학교나 대학원에서 한국어를 전공하면 한국어 교원 1급 자격증을 받을 수 있다.

→ 틀려요. 한국어 교원 1급 자격증을 바로 받을 수 있는 방법은 없습니다. 대학교나 대학원에서 한국어 교육을 전공하여 한국어 교원 2급 자격증을 받은 후 5년(2,000시간) 이상의 교육 경력이 있을 때만 1급 자격증을 받을 수 있습니다.

☑ 한국어 교사가 되는 방법은 법으로 정해져 있다.

→ 맞아요. 한국어 교원 자격 부여 기준은 「국어기본법 시행령」 제13조에 명시되어 있습니다.

## 한국어 교원 자격증 더 알아보기

**Q1** 한국어 교원 자격증을 받으려면 어느 기관에서 혹은 어느 전공을 공부해야 하나요?

**A1** 국립국어원에서 교육과정을 인증받은 대학, 대학원, 또는 기관에서 공부를 해야만 자격증을 받을 수 있습니다. 무조건 한국학과, 한국어학과라는 이름만 보고 결정하지 말고, 이 기관이 국립국어원의 인증을 받았는지를 꼭 확인하세요. 인증 기관 목록은 국립국어원 누리집 한국어 교원 페이지에서 확인할 수 있습니다.

- 학위과정(대학, 대학원), 학점은행제 인증 기관 목록
  http://kteacher.korean.go.kr/org/D_list.do
- 비학위과정 인증 기관 목록
  http://kteacher.korean.go.kr/org/T_list.do

**Q2** 한국어 교원이 되기 위한 필수이수시간을 알고 싶어요.

**A2** 대학과 대학원, 그리고 교원 양성에 따라 다릅니다. 여기서 중요한 것은 전체 학점만 중요한 것이 아니라 영역별 필수이수학점이 있기 때문에 이것을 잘 판단해서 수업을 신청해야 한다는 것입니다.

| 영역 | 대학 | | 대학원 | 한국어교원 양성과정 |
| --- | --- | --- | --- | --- |
| | 전공/ 복수전공 | 부전공 | | |
| | 2급 | 3급 | 2급 | 3급 |
| 1. 한국어학 | 6학점 | 3학점 | 3~4학점 | 30시간 |
| 2. 일반언어학 및 응용언어학 | 6학점 | 3학점 | | 12시간 |
| 3. 외국어로서의 한국어교육론 | 24학점 | 9학점 | 9~10학점 | 46시간 |
| 4. 한국문학 | 6학점 | 3학점 | 2~3학점 | 12시간 |
| 5. 한국어교육실습 | 3학점 | 3학점 | 2~3학점 | 20시간 |
| 합계 | 45학점 | 21학점 | 18학점 | 120시간 |

**Q3** 한국어교육능력검정시험을 보기 위해서 어떤 과목을 공부해야 하나요?

**A3** 한국어교육능력검정시험은 한국어교원양성과정에서 한국어 교육과 관련하여 총 120시간 이상을 이수한 사람에 한해 응시할 수 있습니다. 시험은 1차 필기 시험과 2차 면접 시험의 두 단계로 구성되어 있습니다.

1차 필기 시험에서는 '한국어학', '일반언어학 및 응용언어학', '외국어로서의 한국어교육론', '한국문화'의 네 개의 영역에서 각각 40% 이상 득점하고 총점(300점)의 60%인 180점 이상을 득점했을 때 합격이 됩니다.

2차 면접 시험에서는 한국어 교사로서의 태도 및 교사상, 교사의 적성 및 교직관, 인격 및 소양, 그리고 한국어 능력에 대해서 평가합니다.

한국어교육능력검정시험에 대한 자세한 정보와 기출문제를 확인하고 싶다면 한국산업인력공단 한국어교육능력검정시험 홈페이지(http://www.q-net.or.kr/site/koreanedu)를 참조하세요.

**Q4** 필수이수학점을 듣고 졸업을 하거나 한국어교육능력검정시험만 보면 자동적으로 자격증이 나오나요?

**A4** 아니요. 개인 자격을 신청하는 기간(1차: 2월 말~4월, 2차: 8월 말~10월, 3차: 12월 중순~1월)에 국립국어원 누리집 한국어 교원 홈페이지(http://kteacher.korean.go.kr)에 접속하셔서 심사신청서와 증명서를 제출하면 심사를 거친 후 자격증을 받을 수 있습니다.

**Q5** 한국어 교원 자격증으로 어디에서 일할 수 있나요?

**A5** 한국어 교원 자격증이 있으면 다음과 같은 기관에서 일할 수 있습니다.
- 국내외 대학 및 대학부설기관
- 외국어로서의 한국어 수업이 개설된 국내외 초·중·고등학교
- 외국어로서의 한국어를 가르치는 국내외 정부기관
- 다문화가족지원센터, 외국인 근로자 지원센터, 사회통합프로그램 운영 기관
- 국내외 세종학당 및 세종교실, 한국문화원, 한글학교, 한국어교육원
- 해외 진출 기업체, 국내외 일반 사설학원

## 한국어 교원 자격증 취득 후의 삶*

사례1

저는 두 아이를 낳고 키우면서 그간 일할 엄두를 내지 못했습니다. 그러던 중 한국어 교원 자격증에 대한 정보를 접한 후 한국어 교원 자격증을 취득하였고, 현재 다음과 같은 일을 하고 있습니다.

- 사회통합프로그램 한국어 강사(이주여성 대상)
- 외국인 보호소 한국어 및 한국 문화 강사
- 이주민센터 한국어능력시험(TOPIK) 강사

한국어 강사들이 할 일은 무궁무진합니다. 본인의 의지와 노력만 있다면 정말 다양한 일들을 할 수 있답니다. 앞으로의 제 꿈은 법무부에서 외국인을 대상으로 국적 면접을 보는 면접관이 되는 것입니다. 현재는 대학원에서 다문화교육 석사 과정을 밟고 있어요. 앞으로 어떤 일을 시작할 수 있을까 고민하는 분들에게 제 경험이 도움이 되었으면 좋겠습니다.

사례2

저는 대학에서 영어를 전공하고 외국인 회사에서 근무한 경험이 있는 주부입니다. 남편의 해외 파견으로 인해 오랜 기간 일을 쉬게 되었지요. 우연히 제 영어 능력이 외국인을 위한 한국어 강사로서 강점이 된다는 이야기를 듣고 마흔이 넘은 나이에 새로운 공부에 도전을 하게 되었습니다.

한국어 교원 자격증을 취득한 후 주로 대기업에 파견되어 온 외국인 직원들을 대상으로 개인지도를 하고 있습니다. 제 학생들의 경우 한국어 공부도 공부지만 한국 생활에 적응하는 데에 필요한 다양한 정보 등을 저를 통해 얻기를 원하더라고요. 수업은 회사나 학생의 자택에서 이루어지는데 부부를 함께 가르치는 일도 있습니다. 제가 최근에 하고 있는 일은 다음과 같습니다.

- 기업체 사내 어학 과정 한국어 강사(개인, 그룹 강의)
- 다문화가족지원센터(이주여성 및 일반인 대상 집합 강의)
- 다문화센터 및 초 · 중 · 고등학교의 다문화교육 강사

한국어 강사가 되고 나서 가장 보람을 느끼는 순간은 저로 인해 한국 생활에 더 쉽게 적응하는 외국인이 늘고 있음을 깨달을 때입니다. 저는 일이 주어지기를 수동적으로 기다리지 않고 여러 곳에서 정보를 적극적으로 찾아보고 스스로 알아보는 편입니다. 특히 제가 만나는 학습자들은 제가 '주부'이기 때문에 줄 수 있는 정보가 더 많은 사람들입니다. 혹시 사회 경험이 있는 경력단절주부 가운데 친화력과 적극성이 있는 분이라면 한국어 강사에 꼭 도전해 보시기 바랍니다.

* 이 사례는 한국어 강사로 활발하게 활동 중인 민영희 선생님과 서경옥 선생님의 동의를 얻어 두 분의 실제 이야기를 바탕으로 하여 새롭게 재구성한 것입니다. 귀한 정보를 주신 두 분 선생님께 진심으로 감사드립니다.

# 04 한국어 선생님의 한국어가 이상해

교사말에는 교육적 의도가 담겨 있다

〈한국어교원양성과정에 다니는 A씨와 B씨의 한국어 수업 참관 후 대화〉

양성과정생A: 수업 참관 어땠어요? 한국어 선생님의 말이 조금 어색하지 않아요?

양성과정생B: 나만 그렇게 느낀 줄 알았는데…… 선생님의 한국어가 어쩐지 부자연스러웠어요.

**생각해 보기**

**?** 다음 중 맞다고 생각하는 것에 ✔ 표시를 해 보세요.

☐ 한국어 교실에서의 교사말은 한국인들이 평상시에 쓰는 말과 똑같아야 한다.

☐ 학습자의 수준과 관계없이 한국어 교사는 늘 같은 속도로 말을 해야 한다.

☐ 학습자가 이해하지 못하더라도 한국어 교사는 교실에서 최대한 다양한 어휘를 사용하는 것이 좋다.

## 🏛 한국어 수업 참관을 하면서 경험한 일

최근 한국어 교육에 대한 수요가 급증하면서 한국어교원양성과정을 개설한 기관이 많아졌다. 한국어교원양성과정의 교육과정에는 강의 수강 이외에도 한국어 교육 현장의 수업 참관이 포함되어 있다. 교육 현장을 직접 접해 봄으로써 한국어 교사로서의 실전에 대비하도록 하는 것이다.

T대학의 한국어교원양성과정에서 함께 수업을 듣고 있는 A씨와 B씨. 대학 부설 어학당에서 한국어 수업을 참관하게 되어 마음이 설렜다. 두 사람이 배정받은 교실은 한국어 '초급반'이다.

수업 시작 5분 전쯤에 교실에 들어가니 다양한 언어권의 학생들이 10명 정도 둥그렇게 앉아 있었다. 완벽하지는 않지만 한국어로 충분히 서로의 의사를 주고받고 있는 모습이 신기했다.

드디어 수업이 시작되고 한국어 선생님이 들어오셨다. 수업은 그림 자료와 단어카드를 가지고 전날 배운 내용을 복습하는 것으로 시작되었다. 선생님의 질문에 자신 있게 대답하는 학생도 있었고, 머뭇거리거나 틀리게 답하는 학생도 더러 눈에 띄었다.

A씨와 B씨의 주의를 끈 것은 교실에서 사용하는 선생님의 말이었다. 문장과 문장의 연결 표현이 거의 없이 단문이 주를 이루었고 조사가 생략되어 있었다. '-해요'가 아니라 '-습니다'로 끝나는 표현이 사용되어서 마치 군대에 온 것 같기도 했다. 이를테면 "선생님이 말하는 것을 먼저 듣고 여러분이 말하세요."라고 하면 될 것 같은데 한국어 선생님은 다음과 같이 말했다.

"선생님 말합니다. 여러분 듣습니다. 그리고 여러분 말합니다."

무언가 부자연스럽게 들리기도 했지만 학생들은 선생님의 말을 잘 알아
듣고 수업에 참여하고 있었다. 한국어 교사가 교실에서 쓰는 말이 평상시
에 쓰는 말과 다르다는 점이 놀라웠다. 만약 나중에 한국어 교사가 된다면
교실에서 어떻게 말을 해야 할지를 고민해야겠다는 생각이 들었다. 한국어
수업 참관 후에 다른 수강생들과 함께 의견을 나누어 보니 다음과 같은 소
감을 말했다.

"생각보다 한국어를 가르치는 것이 얼마나 어려운 일인지 깨달았어요."
"한국어로만 수업을 하는데도 초급 수준의 외국인이 잘 알아듣고 수
업을 따라간다니 신기해요."
"한국어 선생님의 한국어가 평상시에 쓰는 한국어와 달라서 이상하
다고 느꼈어요."

## 한국어 교사말이 부자연스럽게 들릴 수 있는 이유

교육 현장에서 사용하는 한국어 교사말이 다소 자연스럽지 않게 들렸다
면 거기에는 몇 가지 이유가 있다.

첫 번째로, 한국어 수준이 낮은 반일수록 한국어 교사는 구조가 단순한 문
장을 사용하고 설명은 최소한으로 한다. 그리고 학생들이 이미 학습한 문법
과 표현에서 크게 벗어나지 않도록 주의를 기울인다. 명령문을 쓰는 것이
자연스러운 문맥임에도 학습자의 이해 수준을 고려하여 앞서 나온 그림과
같이 평서문을 쓰는 것도 그 예다.

　교사말이 자연스럽지 않게 들리는 두 번째 이유는, 교사말에 의도적인 과장이나 전략이 담겨 있을 수 있기 때문이다. 우리가 유아에게 말을 할 때 유아의 눈높이에 맞추어 어휘를 선택하고 또박또박 천천히 말해 주는 것과 마찬가지 이유다. 특히 처음 배우는 내용을 말할 때는 더욱 큰 소리로 명확하게 말해 주어서 학생들이 학습 목표가 되는 표현이 무엇인지를 쉽게 알아차리도록 한다.

## 🏠 한국어 교사의 직업병?

　한국어 교사에게도 직업병 아닌 직업병이 있다. 한국어 교육 경험이 많은 사람 중에서 초급반을 오랜 기간 맡아 온 교사들은 학습자를 의식한 교사말을 지속적으로 사용하다 보면 그것이 굳어져서 일상적인 말투까지 변하기도 한다.

5년간 초급 한국어를 가르친 한국어 교사 E씨의 경우, 최근 친구들로부터 "네 한국어가 이상해."라는 말을 듣는 일이 잦아졌다. 일상에서 사용하는 어휘와 문법이 늘 기초적인 수준이다 보니 고급 어휘가 바로 떠오르지 않을 때도 있다. 뿐만 아니라 정확한 발음으로 느리게 말하는 습관이 붙다 보니 친구들과 속사포로 터놓고 대화하는 상황에 끼어드는 것이 예전 같지 않다.

모든 한국어 교사에게 나타나는 현상은 아니지만 의식적인 교사말의 사용이 굳어져서 자신도 모르게 일상생활의 언어 사용과 혼동을 한 경험이 한두 번쯤은 있을 것이다. 따라서 교사는 자신만의 교사말 전략과 조절 능력을 갖추어야 한다. 스스로의 수업 발화를 녹음해서 들어 보기도 하고 한국어 책이나 신문을 큰 소리로 읽으면서 속도를 다양하게 바꿔 보는 연습을 해 볼 수도 있다. 또 다양한 수준의 학습자를 두루 가르치는 것도 교사말을 자유자재로 조절하는 능력을 기르는 데 도움이 된다.

## 교사말의 원칙

교사말은 어떤 기준으로 선택해서 사용해야 할까? 무조건 간결하고 쉽게 해야 할까, 아니면 한국인의 자연스러운 발화를 그대로 보여 주어야 할까? 이해를 돕기 위해 학생들이 배운 내용으로만 말해야 할까, 아니면 배우지 않은 내용이 포함되어도 괜찮을까?

교사말의 첫 번째 원칙은 학생들이 배운 표현으로 하되 비문이 되지 않는 자연스러운 문장으로 말하는 것이다. 교사말은 학습자에게 한국어의 직접적인 모델이 되기 때문에 정확한 문장을 사용해야 한다. 예를 들어, 학생들이 조사를 배우지 않은 단계라고 해서 조사를 생략한 형태만 반복해서 노출시키면 학생들이 정확한 조사 사용에 익숙해질 기회를 놓치게 된다. 다음과 같이 순차적으로 제시하는 것도 좋은 방법이다.

> 1단계: "선생님 가르쳐요. 학생 배워요."
> 2단계: "선생님은 가르쳐요. 학생은 배워요."

교사말은 학습자의 현재 수준보다 약간 높은 수준의 범위 내에서 어휘와 표현을 노출시키는 것이 좋다. 처음에는 단순하고 짧은 형태로 말하다가 점차 완전한 문장 형태의 교사말을 사용하도록 한다. 학습자들은 교사의 발화 가운데 자신이 모르는 단어가 1~2개 정도 포함되어 있더라도 맥락과 배경 지식을 활용하여 유추를 함으로써 전반적인 내용을 이해할 수 있게 된다.

참고

### 이해 가능한 입력(i+1)

'이해 가능한 입력(Comprehensive input)'이란 학습자가 현재 능력에서 이해할 수 있는 것이 'i'라고 할 때 그것보다 약간 높은 수준, 즉 'i+1' 정도의 언어에 노출되는 것이 좋다는 의미다. 이해 가능한 입력은 크라센(Krashen)이 주장한 이론으로, 특히 듣기와 읽기 수업에 시사하는 바가 많다. 외국어 듣기를 연습하거나 배울 때 학습자의 현재 능력보다 약간 높은 단계의 수준에 노출되는 것이 학습 효과가 가장 높다는 것이다. 그러나 너무 쉽거나 어려우면 학습 동기가 떨어질 우려가 있으므로 교사말의 수준을 잘 조절해야 한다.

교사말의 두 번째 원칙은 언어 학습자가 말을 알아듣지 못한다고 해서 교사가 무조건 천천히 말할 필요는 없다는 것이다. 언어 학습자에게는 교실 상황에서보다 교실 밖에서 목표 언어를 사용하는 것이 더 중요한데, 교사의 느린 발화에만 익숙해지다 보면 일상적인 대화는 거의 알아들을 수 없게 된다. 또한 지나치게 느리게 말을 하면 오히려 내용 전달력이 떨어질 수 있다. 학습자의 이해 수준을 고려한다면 일상적인 말보다 약간 느린 정도의 교사말을 사용하고 그 속도를 점차 높여 가는 것이 좋다.

세 번째로, 교사말은 학습자와의 상호작용과 내용 전달에 유의해서 써야한다. 한 문장이 끝난 후에 다음 문장을 바로 이어 가지 않고, 들은 내용을 되새기고 생각할 수 있도록 여유 시간을 주는 것이 바람직하다. 모든 말을 천천히 하는 것이 아니라 사이사이에 쉼을 두어 학습자가 이해할 수 있도록 배려한다. 특히 교사의 질문 후에 학생들이 바로 반응을 하지 않는다고 해서 학생이 스스로 대답할 기회를 박탈해 버리는 것은 좋지 않다. 이럴 경우는 순서를 바꾸어 다른 학생들에게 질문을 던져서 먼저 대화하는 사이에 생각할 여유를 준 후 다시 처음 학생에게 발화 기회를 주는 것도 하나의 방법이 될 수 있다.

네 번째로, 교사말은 늘 학습자에게 긍정적인 반응을 보이는 것이어야 한다. 학습자가 실수를 하거나 틀린 말을 한다고 해도 일단은 언어적 모험과 시도 자체를 먼저 칭찬하여 학습자가 자신감을 갖도록 유도한다. "칭찬은 고래도 춤추게 한다."라는 말이 있듯이 칭찬과 공감이 있는 교사말은 학습자가 한국어를 즐겁게 배우도록 하는 윤활유다.

끝으로, 교사말은 전반적인 수업의 흐름과도 연관성이 깊다. 교사가 해당 내용을 설명하기 이전보다는 설명한 이후에, 학습자가 배운 내용을 충분히 연습하기 이전보다는 이후 단계에서, 학습자에게 낯선 내용보다는 익숙한 내용일 때 교사말의 속도가 한국인의 일상 발화에 더 가까워진다.

　이러한 치밀한 교육적 의도가 반영된 교사말의 도움으로 학습자는 더 효율적으로 한국어를 배울 수 있게 되는 것이다.

## 🏠 또 다른 교사말: 몸짓

　교사말의 또 다른 특징으로 동작 표현을 수반한다는 점을 들 수 있다. 특히 한국어를 처음 배우는 1~2주차에는 학습자들은 한국어가 마치 외계어처럼 느껴질지도 모른다. 따라서 모든 학습자가 쉽게 이해할 수 있는 몸짓

"들으세요."　　　"말하세요."　　　"읽으세요."

"쓰세요."　　　"같이 합시다."　　　"○○씨가 하세요."

"책을 펴세요."　　　"책을 덮으세요."

(body language)을 충분히 활용한다. 교실에서 자주 사용하는 표현에 익숙해질 때까지 말과 그에 해당하는 동작을 함께 보여 주면 학습자의 이해도도 높아진다. 학습 초기 단계에 교사말에 수반되는 기본 몸짓으로는 제시된 그림을 참조할 수 있다.

앞의 사례 외에도 '자다', '먹다', '가다', '앉다', '서다' 등 일상생활에서 높은 빈도로 쓰이는 구체적인 의미의 동작 동사를 제시할 때 교사가 직접 동작을 해 보이면 장황한 설명보다 더 큰 효과가 있다. 이때 유의할 점은 수화를 하듯이 동작만을 보이는 것이 아니라 반드시 해당되는 교사말과 함께 사용함으로써 학습자가 자연스럽게 한국어를 익히도록 해야 한다는 것이다.

## 🏠 교사말의 기능

수업 진행 과정에서 교사말은 학습자의 발화를 유도하거나 친근감을 표현하는 등의 중요한 기능을 한다.

첫 번째로, 교사말에는 학습자의 발화를 유도하는 기능이 있다. 폐쇄형보다는 개방형의 질문이 그렇다. '예', '아니요'의 답을 요구하는 폐쇄형 질문은 학습자들이 배운 표현을 직접 사용하도록 하는 효과가 적다. 따라서 '무엇', '어디', '왜', '어떻게' 등의 의문부사를 넣은 개방형 질문을 함으로써 학습자의 적극적인 발화를 이끌어 내는 교사말을 사용하는 것이 좋다. 특히 배운 내용을 확인할 목적으로 사용하는 교사말은, 이미 알고 있는 정보라도 질문의 방법을 다양화해서 학습자와의 대화를 지속하도록 한다.

두 번째로, 교사말은 학습자에 대한 관심과 친근감을 표현하는 기능이 있다. 학습자의 나라나 언어 등에 대한 여러 가지 질문을 던짐으로써 교사가 학습자에게 진정으로 관심을 갖고 대화를 하고 있음을 느끼도록 한다. 자신에 대한 이야기를 하면서 교사말을 충분히 접한 학습자는 한국어로 대화하는 것에 자신감과 흥미를 느끼게 된다. 뿐만 아니라 학습자는 교사말을 전범(모델)으로 삼아 표현과 발음을 따라 하므로 학습자에게 교사말은 여러 측면에서 의미가 있다.

**한 걸음 더**

한국어 교육에 있어서 교사말에 대해 더 폭넓게 알아보려면 다음의 논저를 참고할 수 있다.

권순희(2014), 교실 대화 분석을 통한 바람직한 교사 화법 모색, **국어교육학연구** 49-2, 225-263쪽.

이미향(2013), 한국어 교사 발화에 나타난 외국인 말씨의 언어 유형별 기능 연구, 이중언어학 53, 151-182쪽.

이원기(2013), 한국어 교사를 위한 교수언어 교육내용 연구, 서울대학교 석사학위논문.

한상미(2001), 외국어로서의 한국어 교육에서의 교사말 연구-유도 발화 범주의 교사말 유형을 중심으로-, 한국어 교육 12-2, 223-253쪽.

✓ 교사말에는 학습자에 대한 배려와 교육적 의도가 담겨 있다.

✓ 교사말의 수준은 학습자가 이해하는 것보다 약간 더 높은 수준이 이상적이다.

✓ 한국어 교사는 교사말의 다양한 기능을 이해하고 상황에 맞는 교사말을 쓸 줄 알아야 한다.

 생각해 보기 확인

다음 중 맞다고 생각하는 것에 ✓ 표시를 해 보세요.

☐ 한국어 교실에서의 교사말은 한국인들이 평상시에 쓰는 말과 똑같아야 한다.

➡ 틀려요. 한국어 교실에서의 교사말은 교육적 상황을 전제로 하는 말이므로 비교육적 상황에서 쓰이는 일상생활의 말과 차별화됩니다.

☐ 학습자의 수준과 관계없이 한국어 교사는 늘 같은 속도로 말을 해야 한다.

➡ 틀려요. 학습자의 수준에 따라 교사말의 속도도 달라져야 합니다.

☐ 학습자가 이해하지 못하더라도 한국어 교사는 교실에서 최대한 다양한 어휘를 사용하는 것이 좋다.

➡ 틀려요. 교사말은 학습자가 이해하는 것보다 약간 더 높은 수준이 좋습니다. 교사말이 지나치게 쉽거나 어려운 경우, 학습자의 학습 동기를 떨어뜨릴 뿐만 아니라 교육적 효과도 기대하기 어렵습니다.

## 교사말

교사말의 정의, 중요성, 의사소통과의 연관성, 유형 등에 대해 한상미(2001)를 참고하여 간략하게 정리하면 다음과 같다.

● 교사말이란 무엇인가

제2언어 교실에서의 교사말은 교실에서의 제1언어나 비교육적 상황에서 발화하는 모어 화자의 비모어 화자에 대한 말과는 다른 말이다.

● 교사말은 왜 중요한가

교사말은 교실 수업을 성공적으로 수행하기 위해서뿐만 아니라 학습자들이 목표어를 습득하는 과정의 측면에서도 실질적인 도움을 준다.

● 교사말은 의사소통과 어떤 관계가 있는가

교사말의 양과 유형, 교사가 학생들에게 하는 질문의 종류, 교사가 학생의 대화 참여에 대해 반응하는 방법 등에 따라 더 의사소통적인 수업이 될 수도 있고 그렇지 않을 수도 있으므로 가장 적절한 교사말을 사용해야 한다.

● 학습자의 발화를 유도하는 교사말의 유형은 무엇인가

| 범주 | 유형 | 하위유형 | 기능 |
|------|------|----------|------|
| 유도 발화 | 끌어 내기 | 나열형 질문 | 교사가 이미 답을 알고 있는 질문을 함으로써 계획한 수업 내용의 진행 유도 |
| | | 참조형 질문 | 교사가 답을 모르는 내용의 질문을 통해 의사소통적인 대화 유도 |

| | | | |
|---|---|---|---|
| | 연습 끌어내기 | 목표 문형·어휘 등의 발화 연습 유도 |
| | 문장 완성 끌어내기 | 미완성된 발화의 완성 유도 |
| | 화제 제시 | 학습자의 주의를 새로운 화제에 집중하게 하는 반응 유도 |
| 절차 언급 | 절차형 질문 | 수업 절차에 관한 언어 및 비언어적 반응 유도 |
| | 절차 제시 | 수업의 진행 상태에 관한 정보 제공 |
| 지시 | 단순 행위 지시 | 목표어 학습을 위한 단순 행위 반응 유도 |
| | 활동 지시 | 과제 수행을 위한 복잡한 활동 유도 |

출처: 한상미(2001), 외국어로서의 한국어 교육에서의 교사말 연구 – 유도 발화 범주의 교사말 유형을 중심으로 –, 한국어 교육 12-2, 237쪽.

# 05 한국어 교사, 나는 누구인가

한국어 교사에 대해 가지고 있는 선입견 혹은 진실

● 크로아티아에서 한국어를 가르치고 있는 A씨. 자신이 한국을 대표한다는 강한 책임감으로 한국 문화와 예절을 전하기 위해 최선을 다하고 있다. 하지만 한국 문화에 대해서 얼마나 더 배워야 하나 고민이 생긴다.

● 외국인 근로자에게 한국어를 가르치고 있는 B씨. 일을 하다가 부상을 입은 학생을 병원에 데리고 가서 치료를 받는 것을 도와준 적이 있는데 앞으로도 계속 병원에 데리고 다녀야 할지 고민이다.

● 외국인 유학생에게 한국어를 가르치고 있는 C씨. 수업이 끝나면 학생들이 찾아와서 여러 가지 고민을 털어놓는데 자신이 상담자인지 교사인지 회의가 들 때가 있다.

 다음 중 한국어 교사의 역할로 가장 중요하다고 생각하는 것은 무엇입니까?

☐ 한국어 교사는 한국과 한국의 문화를 적극적으로 알리는 외교관이다.

☐ 한국어 교사는 외국인들의 필요를 채워 주는 봉사자다.

☐ 한국어 교사는 외국인의 친구이자 상담자다.

☐ 한국어 교사는 한국어를 가르치는 사람이다.

# 🏠 한국어 교사의 정체성

우리가 원어민으로부터 외국어를 배운다면 그 교사에게서 무엇을 기대하겠는가? 언어를 잘 가르쳐 주는 것? 그 언어권의 문화적 배경에 대해서 알려 주는 것?

한국어 교사는 한국어를 가르치면서 외국인에게 어떤 교사가 되어야 할지, 어떤 교사가 될 수 있을지를 늘 고민하게 된다. 단어를 어떻게 설명할지, 한국어의 문법을 어떻게 전달하면 좋을지를 연구하는 것이 전부일 것 같지만, 실은 이보다 근본적으로 한국어 교사의 정체성에 대해 고민하게 되는 상황에 부딪히기도 한다.

- 외국인들에게 한국과 한국 문화를 알려야 할 텐데, 한국 문화에 대해서 어느 정도를 소개해 줘야 할까?
- 한국에 와 있는 근로자나 이주자들의 경제적 상황이 그리 좋지 않은데, 얼마나 도움을 줘야 할까?
- 한국어 교사를 보면서 한국에 대한 인상을 가질 텐데, 얼마나 친절하게 대해야 할까?
- 우리가 외국어를 배울 때 강사는 그저 언어만 가르치면 되는 사람이라고 생각했는데, 나는 왜 이런 고민까지 해야 하나?

이와 같이 한국어 교사는 언어를 가르치는 것 이외에도 한국인이라는 자부심과 책임감으로 학생들에게 도움을 주지 않으면 안 될 것 같은 부담을 느끼기도 한다. 따라서 한국어 교사로서 자신의 모습과 마음가짐에 대해 진지하게 생각해 보고, 자신이 처한 교수 현장과 상황에 맞게 스스로의 정체성을 찾아갈 필요가 있다.

## 🏛 한국어 교사는 문화 외교관인가

한국어 교사가 되려고 마음먹었을 때 해금을 조금 배워 본 경험이 있다. 한국어 교사라면 한국의 문화도 알고 있어야 하고 이와 관련해 실제로 할 줄 아는 것도 있어야 한다는 생각에 태권도, 한국 요리, 국악기 등 여러 가지 중에서 고민하다가 가장 간단해 보이는 해금을 시작했었다. 하지만 가느다란 두 줄로 여러 개의 소리를 내는 것이 어찌나 어려운지 얼마 가지 않아 포기하고 말았다.

한국어 교사는 한국 문화를 어느 정도 깊이 이해하고 있어야 할까?

세계적으로 한국이 잘 알려지지 않았던 시절, 외국에서 한국인을 향해 중국 사람, 일본 사람이냐며 쉽게 오해를 하던 시절도 있었다. 그때는 한국인 이라면 누구나 한국을 세계에 알리고 외국인에게 한국의 문화를 소개해야

한다는 투철한 사명감을 가졌을 것이다. 그러나 전 세계에서 K-pop이 불리는 요즘, 한국 드라마를 보며 한국어를 배웠다는 외국인들, 한국 스마트폰을 들고 다니는 외국인들을 보면 이제 한국은 세계인들에게 그리 멀지 않은 나라, 친숙한 나라가 되어 가고 있음을 알 수 있다.

이런 시대적 상황에서 한국어 교사는 스스로가 한국을 '대표'해야 한다는 강박관념에서 벗어나 우리의 문화를 그들과 공유한다는 마음가짐을 가지는 것이 중요하다. 일방적으로 우리 문화를 알리려고만 하지 말고 학생들과 함께 〈강남 스타일〉에 맞춰서 흥도 한번 내 보고, 한류 드라마의 주인공에 대해서 관심 있게 이야기한다면 학생들과의 문화적인 교류는 이미 이루어진 것이나 다름없다.

## 🏠 한국어 교사는 봉사자인가

한국에 와 있는 이민자나 외국인 근로자의 삶은 경제적으로 그리 넉넉한 편이 못 된다. 법으로 보호가 된다고 하지만 제때에 월급을 받지 못하는 사람, 조그마한 사업을 하다가 실패해서 수입이 전혀 없는 사람, 공장에서 일하다가 사고를 당해서 당장의 생계가 막막해진 사람이 적지 않다. 한국어 공부보다는 밀린 월급을 받는 것이 절실하고, 그날그날 필요한 돈을 구하는 것이 절박한 그들을 만날 때마다 마음이 짠해진다. 때로는 한국말이 서툰 그들을 데리고 병원을 찾거나 그들의 권리를 대변하기 위해 변호사를 만나야 할 상황도 생긴다. 이럴 경우 한국어 교사는 그들에게 무엇을 해 줄 수 있을까?

만약 한국어 교사에게 법적인 지식과 도울 능력이 있다면 그들에게 힘이 되어 줄 수 있다. 학생들이 실질적으로 필요한 도움을 주는 것이기에 이것

은 어쩌면 한국어를 가르치는 것보다 더 보람 있게 느껴질지도 모른다. 하지만 맹목적인 도움은 학생들이 일상생활에서까지 한국어 교사를 의존하게 만드는 결과를 낳는다. 시간이 갈수록 그들은 한국어 교사에게서 더 많은 것을 기대하게 될 것이고, 그것이 채워지지 못하면 나중에 의도하지 않은 오해를 살 우려도 있다.

한국어 교사가 그들의 경제적인 필요를 채우지 못한다고 해서, 때로는 생활 속에서 도움을 주지 못한다고 해서 자책감을 가질 필요는 없다. 오히려 학생들이 '한국어'라는 무기를 스스로 갖추도록 도움을 주어서 한국 사회에서 불이익을 당하지 않도록 지도하는 데 최선을 다해야 한다. 한국어 교육은 그들에게 당장 필요한 식량이 되지는 못하지만, 한국에서 스스로 생존하고 살아가는 능력을 키우는 과정이기에 돈이나 음식보다 더 큰 가치가 있음을 기억하자.

# 🏫 한국어 교사는 상담자인가

어느 날 수업 후, 한국에서 대학 진학을 준비하고 있는 한 여학생이 찾아와서 걱정 어린 눈빛으로 물었다. 임신 테스트기를 어디에서 살 수 있는지 아느냐고……. 선생님에게 이런 질문까지 해야 하는 여학생의 표정에도 부끄럼이 가득했지만, 이 말을 듣는 처녀 선생님도 당황스럽기는 마찬가지였다.

한국에 오는 외국인들은 한국 생활에 적응해 가면서 많은 어려움을 겪는다. 취업, 진학, 대인관계, 경제적인 문제, 향수병 등……. 그래서 한국 사람들이 보내는 따뜻한 말 한마디나 작은 선물에 감동하고, 한국 사람들이 자신의 친구가 되어 주기를 간절히 바란다. 비록 말이 잘 통하지는 않아도 그들의 이야기에 귀 기울여 주는 것만으로도 고마워하고 감동한다.

듣는 습관은 한국어 교사에게 매우 중요하다. 학생들에게 고민이 있을 때는 한국어 수업을 아무리 재미있게 이끌어도 그 내용이 학생들의 머릿속에 들어가지 않기 때문에 생각이나 고민을 들어 주고 마음을 편안하게 만들어 주는 것은 효율적인 수업을 위해서도 필요하다.

그러나 학생의 개인 문제에 너무 깊이 관여하여 교사가 되려 지나친 스트

레스를 받거나 복잡한 인간관계에 휘말리면 더욱 곤란한 상황에 빠지는 수도 있다. 따라서 교사 스스로가 학생과의 적절한 선을 유지하도록 해야 한다. 지나침은 모자람만 못하기 때문이다.

## 🏠 한국어 교사는 한국어로 사람과 문화를 이어 준다

한국어 교사의 가장 큰 역할은 한국어라는 언어를 통해서 외국 학생이 한국 사람과 대화하도록 하고, 이로써 서로를 이해하게 도와주는 가교의 역할이다. 이 일을 하기 위해서 때로는 문화를 가르치고, 때로는 그들의 문제에 발 벗고 나서며, 때로는 친구이자 상담자가 될 수도 있지만, 무엇보다 더 중요한 역할은 한국어를 통해서 두 사람과 두 문화를 만나게 해 주는 것이다.

한국어 교사는 자신이 한국을 제대로 소개하지 못한다고 열등감에 빠지거나 외국인들에게 큰 도움이 되지 못한다고 자책할 필요는 없다. 한국어 교사는 슈퍼맨이나 산타클로스가 아니라, 말문을 열어 주고 귀를 트이게 하는 사람이라는 것을 기억하자.

### 한 걸음 더

한국어 교사의 역할에 대해 더 깊이 알아보려면 다음의 논저를 참고할 수 있다.

민현식(2005), 한국어 교사론-21세기 한국어 교사의 자질과 역할-, 한국어 교육 16-1, 국제한국어교육학회, 131-168쪽.
신성철(2009), 언어 교사의 역할에 대한 인식, 국제한국어교육학회 국제학술발표논문집, 국제한국어교육학회, 87-90쪽.
원해영(2013), 한국어 교사의 역할에 대한 비판적 고찰, 우리말연구 33, 우리말 학회, 139-165쪽.

✓ 한국어 교사가 한국에 관한 전문 지식이 부족하다고 해서 스스로를 무능하게 생각할 필요는 없다.

✓ 한국어 교사가 학생의 개인적인 문제에 대한 이야기를 들어 줄 수는 있지만, 학생의 모든 문제에 관여하고 그것을 해결할 수는 없다.

✓ 한국어 교사의 가장 중요한 역할은 한국어를 가르쳐서 그들과 한국을 연결해 주는 것이다.

 다음 중 한국어 교사의 역할로 가장 중요하다고 생각하는 것은 무엇입니까?

☐ 한국어 교사는 한국과 한국의 문화를 적극적으로 알리는 외교관이다.

☐ 한국어 교사는 외국인들의 필요를 채워 주는 봉사자다.

☐ 한국어 교사는 외국인의 친구이자 상담자다.

☑ 한국어 교사는 한국어를 가르치는 사람이다.

➡ 앞의 세 역할도 중요하지만 한국어 교사의 가장 중요한 역할은 한국어를 가르치는 것입니다. 한국어를 통해 학습자들이 스스로 자신의 문제를 해결하고 자신이 원하는 것을 할 수 있도록 도와주는 것이야말로 한국어 교사의 가장 중요한 역할입니다.

한국어 만세 시리즈 ❶

제2부

# 한국어 학습자,
# 그들은 누구인가

# 06 그들은 왜 한국어를 배울까

한국어를 배우는 동기와 목적이 한국어 교육의 출발점이다

● 스웨덴에서 온 K씨. 한국 가요를 사랑하고 한국 드라마를 보며 한국어를 배웠다. 한국에 와서 제일 하고 싶은 일이 K-Pop 콘서트에 가 보는 것이다. 좋아하는 가수에게 팬레터를 보내고 팬미팅에도 참석할 예정이다.

● 프랑스에서 온 P씨. 유럽 여행 중이었던 남편을 우연히 만나서 한국으로 시집왔다. 한국 생활은 재미있지만 시댁 식구들과 한국어로 소통하는 것이 가장 어렵다.

이들에게 한국어는 어떤 의미일까? 그리고 이들은 왜 한국어를 배울까?

다음 중 한국어를 배우는 학습자에 대한 설명으로 맞다고 생각하는 것을 찾아보세요.

☐ 한국어를 배우는 이유는 학습자마다 다르다.

☐ 한국에 살고 있는 외국인 중에서 결혼이주여성이 가장 많다.

☐ 해외에서 한국어를 배우는 사람들은 대부분 한국어를 연구하는 학자들이다.

## 🏠 과거와 현재, 달라진 한국어 학습자

어학당에서 한국어를 처음 가르치기 시작한 10여 년 전을 떠올려 보면, 학생의 절반 정도는 주재원으로 한국에 와 있는 일본인이었고, 나머지는 교포나 미군으로 구성되어 있었다. 그리고 한국 문화에 관심이 있는 유럽인들이 한국어를 배우러 오는 경우도 더러 있었다.

최근에는 학생들의 국적과 한국어를 배우는 목적이 10여 년 전에 비해 눈에 띄게 달라졌다. 가장 크게 달라진 점은 한국에서 일자리를 찾거나 대학, 대학원에 진학해서 공부하기 위해 한국을 찾는 외국인(특히 중국인)이 크게 늘어난 것이고, 한국인과 결혼해서 한국에 살게 된 사람들의 국적도 매우 다양해졌다는 점이다. 또 자신의 나라에서 한국 드라마와 한국 음악을 통해 한국어를 배우고 그들이 사랑하는 가수를 만나기 위해서 직접 먼 거리를 날아온 유럽인, 아프리카인들도 이제는 그리 낯설지 않다.

## 🏠 그들에게 한국어란

외국인이 한국어를 배우는 이유는 크게 세 가지다. 첫 번째는 한국어와 한국 문화에 관심이 있어서, 두 번째는 한국에서 살아가기 위해서, 세 번째는 자신의 뿌리를 찾기 위해서다.

보통 자신의 나라에서 한국어를 배우는 사람들은 '외국어(Foreign language)'로서 한국어를 배우는 사람들이다. 한편 한국에 이민을 와서 한국에서 살아가기 위해 한국어를 배우는 사람들은 태어나면서 배운 제1언어가 아닌 '제2언어(second language)'로서 한국어를 배운다고 할 수 있다. 또 외국에서 자란 교포나 입양인의 경우에는 자신이 누구이며 자신의 뿌리가 무엇인지를 찾기 위해서 한국어를 배우므로 이들이 배우는 한국어는 '계승어(heritage language)'로서의 한국어다. 한국어 교사는 자신이 가르쳐야 할 학습자에게 한국어가 어떤 의미와 가치를 가지는가를 가장 먼저 파악해야 한다.

## 🏠 외국어로서의 한국어 학습자

독일의 역사학 교수 P씨. 동아시아 역사를 전공해서 그동안 중국어와 일본어를 배웠다. 그리고 작년부터는 대학에 개설된 한국어 수업에 참석해서 대학생들과 함께 한국어를 배우고 있다. 한국어로 기록된 책을 읽고 한국 역사에 대해서 더 깊이 아는 것이 목표다. 일주일에 세 번 있는 한국어 수업에서 배우는 한국어 문법과 표현이 참 재미있다.

한국어를 배우는 사람들 중에는 한국에 거주하지 않고 한국이나 한국어에 대한 관심이 있어서 자신의 나라에서 한국어를 배우는 사람들이 있다. 우리가 영어권에서 살지는 않더라도 영어를 배우는 것처럼, 이들도 '외국어로서 한국어'를 배우는 것이다. 이들은 주로 한국을 책, 혹은 인터넷이나 미디어를 통해서 접하게 되기 때문에 한국에 관련된 정보를 읽고 이해하는 능력을 필요로 하고, 한국어뿐만 아니라 한국 문화에 대해서도 알고 싶어한다.

## 🏢 제2언어로서의 한국어 학습자 1: 결혼과 일을 위해 한국에 온 사람들

베트남에서 온 W씨는 결혼 중개 회사를 통해서 한국 남편을 만나 한국으로 왔다. 다문화가족지원센터에서 한국어를 배우는데, 시부모님의 사투리는 교과서에서 배운 말과 달라서 이해하기가 힘들다. 앞으로 아이들에게 한글도 가르치고 학교도 보내야 하는데 잘 할 수 있을지 걱정이다.

한국에 와서 장기간 머물기 위해 한국어를 배우는 이들이 있다. 이들은 제2언어로서 혹은 제3언어로서 한국어를 배우는 사람들이다. 이들은 일단 한국에서 살아야 하기 때문에 일상생활에서 한국어가 필수적으로 쓰이는 상황에 노출되어 있으며, 높은 수준의 한국어를 구사할수록 삶의 질이 긍정적으로 변화될 수 있다.

한국에 거주하는 외국인 중 가장 높은 비율을 차지하는 부류는 외국인 근로자들이다. 이들은 주로 단순노동직에 근무하는 경우가 많으며, 식당이나 건설현장, 혹은 공장의 부품을 만드는 곳에서 일을 하면서 한국인과 의사소통을 하기 위해서 한국어를 배워야 한다. 자칫 한국어를 이해하지 못해서 사고나 불이익을 당하는 경우도 있기 때문에 이들에게 한국어란 생존과 생활을 위해서 필수적인 언어인 것이다. 한국어로 된 계약서의 조항을 이해하지 못하거나 근무 환경에서 주의해야 할 내용을 숙지하지 못해서 불의의 사고를 겪지 않으려면 한국어로 기본적인 소통이 가능해야 한다. 더 나아가 사장님이나 동료들과 원만한 대인관계를 유지할 수 있을 정도로 대화를 할 수 있고 스스로 간단한 서류 작성까지 할 수 있다면 더욱 성공적인 한국 정착이 가능할 것이다.

또 한국인 배우자를 만나 한국에서 정착하여 살게 된 결혼 이주자들이 급

증하면서 다문화가족도 더불어 늘어나고 있다. 한국의 농촌 총각과 결혼을 하기 위해서 베트남이나 중국 등에서 한국의 지방으로 시집온 경우 이외에도 외국에서 유학 생활을 하는 동안 만난 한국인과 결혼을 하게 되어 한국을 찾는 이도 점차 늘고 있는 추세다. 이들은 한국인 가족과 부대끼며 한국말과 한국 문화를 동시에 배워야 하고, 자녀 교육을 위해서 다양하게 한국어를 사용해야 하는 상황에 놓인다.

## 📖 제2언어로서의 한국어 학습자2: 학업을 위해서 한국에 온 사람들

우리나라 학생들이 학업을 위해 해외 유학을 가는 것과 마찬가지로 대학 혹은 대학원에 진학하기 위해서 한국을 찾는 이들이 점점 많아지고 있다.

한국에서 대학이나 대학원에 진학한 유학생 수는 2014년 현재 약 15만 명이나 된다. 이들은 물론 슈퍼에서 물건을 사고 식당에서 밥을 먹는 등 일상생활에서 한국어를 쓰기도 하지만 대학에서 한국인과 같이 강의를 들어야 하기 때문에 매우 높은 수준의 한국어를 필요로 한다. 예를 들면, 한국어

유학생 현황

단위: 명

| | | 2006 | 2007 | 2008 | 2009 | 2010 | 2011 | 2012 |
|---|---|---|---|---|---|---|---|---|
| 국내 외국인 유학생 | 대학(학위+연수) | 32,557 | 49,270 | 63,952 | 75,850 | 83,842 | 89,537 | 86,878 |
| | 대학(학위) | 22,624 | 32,056 | 40,585 | 50,591 | 60,000 | 63,653 | 60,589 |

출처: 한국교육개발원교육통계연보, 교과부자체조사, 국립국제교육원, 한국은행경제통계시스템.

로 강의를 듣는 능력이나 발표 능력, 텍스트 읽기와 보고서 쓰기 능력 등 학문을 위한 고급 한국어 능력을 키워야 하는 것이다.

## 🏛 계승어로서의 한국어 학습자: 한국의 뿌리를 지닌 사람들

어려서 부모님을 따라 외국으로 이민을 간 교포 2, 3세들 혹은 외국으로 입양된 사람들의 경우, 성장하면서 '내가 누구인가?', '나는 어디서 왔는가?', '나의 가족은 어떤 사람인가?' 등 자신과 자신의 뿌리에 대한 다양한 질문을 갖고 있다.

이들에게 한국어는 계승어로서의 의미를 가지며 한국어를 배운다는 것은 곧 자신의 정체성을 확인하는 것이고, 자신과 가족의 사고와 태도를 이해하는 계기가 될 수 있다. 따라서 한국어뿐만 아니라 한국의 역사와 가치관, 한국인의 의식과 태도 등에 관한 깊은 이해가 필요하다. 한국어를 배우고 한국에 대한 자부심을 가짐으로써 자신에 대해 깊이 알게 되고 자아존중감을 얻게 되므로 이들에게 한국어는 특별한 의미가 있다.

## 🏛 사람에 따라 맞춤옷 입히기

한국어 교육은 '사람'에서 시작해야 한다. 한국어 학습자들이 어떤 사람들이고, 어떤 이유로 한국어를 배우며, 한국어를 통해서 무엇을 하고 싶어 하는지를 알아야 효과적인 교육을 할 수 있다. 학습자의 학습 동기와 목적을 알면 그에 따라 학습 목표를 세우고, 수업 교재와 방법, 활동 내용 등도 목표에 맞게 정해야 한다. 그렇지 않으면 수업 내용과 활동이 그들에게 흥미를 주지 못하고 효과도 기대할 수 없게 된다.

지금까지 가르쳤던 학생들을 떠올려 보면, 한국인 여자 친구를 사귀고 있는 미국 학생은 연애편지 쓰는 방법이나 한국어로 사랑을 고백하는 방법을 얘기할 때 수업 시간에 눈을 가장 반짝였다. 주부 대상의 수업에서는 한국 요리법에 대한 이야기나 자녀 양육에 대한 주제가 나올 때 수업에 더 집중하는 분위기가 되었다. 또 한국 가요와 드라마를 사랑하는 학생들은 한국 가수나 좋아하는 배우에 대해서는 시간 가는 줄도 모르고 이야기에 빠져들곤 하는 것을 보았다. 대학 진학이 목표인 학생들은 발표 방법과 글쓰기 방법을 가르쳐 달라고 조르곤 했다.

앞으로 한국어 교사로서 어떤 학생을 만나게 될지는 모른다. 다만 어떤 학생을 만나더라도 눈높이에 맞는 맞춤형 교육을 하기 위한 대비와 마음가짐이 필요하다. 한국어 교수 · 학습의 출발점은 한국어 학습자의 학습 동기임을 기억하자.


**한 걸음 더**

한국어 학습 동기에 대해서 더 상세히 알아보고 싶다면 다음의 논저를 참고할 수 있다.

민현식(2008), 특수 목적 한국어 교육의 현황과 과제, 국제한국어교육학회 국제학술
    발표논문집, 국제한국어교육학회, 19-39쪽.
손성희 · 전나영(2011), 한국어 학습자의 학습 동기 분석, 국제한국어교육학회, 한국
    어 교육 22-3, 133-152쪽.
최정순(2006), 학문 목적 한국어 교육의 교육과정과 평가, 이중언어학 31, 277-313쪽.

✓ 학습자가 한국어를 외국어, 제2언어, 계승어 중 어느 언어로서 배우는지를 확인하라.

✓ 학습자의 한국어 학습 동기를 고려하여 수업을 설계하라.

✓ 학습 동기에 맞춰서 수업을 준비하라.

 다음 중 한국어를 배우는 학습자에 대한 설명으로 맞다고 생각하는 것을 찾아보세요.

☑ 한국어를 배우는 이유는 학습자마다 다르다.

➡ 맞아요. 사람마다 서로 다른 학습 동기가 있습니다.

☐ 한국에 살고 있는 외국인 중에서 결혼이주여성이 가장 많다.

➡ 틀려요. 한국에 온 외국인 중 외국인 근로자가 가장 많습니다.

☐ 해외에서 한국어를 배우는 사람들은 대부분 한국어를 연구하는 학자들이다.

➡ 틀려요. 최근에는 한국 음악이나 영화에 관심을 가지고 한국어를 공부하는 사람들이 아주 많습니다.

## 외국어로서의 한국어 하위 분류

최정순(2006)은 한국어를 배우는 목적에 따라 외국어로서의 한국어를 다음과 같이 분류했다.

출처: 최정순(2006), 학문 목적 한국어 교육의 교육과정과 평가, 이중언어학 31, 이중언어학회, 282쪽.

# 07 한국어를 못한다고 해서 어린아이는 아니다

한국어 능력은 부족해도 성인으로 인정받기를 기대한다

한국어 교사 P씨. 외국계 기업에서 일하는 남편이 영국 본사로 발령이 나서 함께 영국으로 떠났다.

그런데 어느 날, 영국 본사 직원 몇 명이 한국어를 가르쳐 달라고 요청을 해 왔다.

지금 가지고 있는 자료라고는 유치원생인 아이가 쓰고 있는 한글 교재와 단어카드뿐인데, 이걸 그대로 가져다 써도 될까? 아니면 한국 동요를 들려주면서 듣기 연습을 해도 될까?

한국어는 어린아이 수준이지만 이미 성인인 그들에게 어떻게 한국어를 가르쳐야 할지 고민이다.

다음 중 맞다고 생각하는 것을 찾아보세요.

☐ 초급이라도 성인 학습자와 아동 학습자의 수업 방식이 달라야 한다.

☐ 유치원이나 초등학교 저학년 자료를 성인 대상의 한국어 수업에서 그대로 사용할 수 있다.

☐ 학습자가 수업 시간에 늦거나 숙제를 안 해 오면 교사가 엄격하게 야단을 치는 것이 좋다.

## 🏛 성인 학습자가 존중받지 못한다고 느낄 때

언어 학습자들은 존중받기를 원한다. 한국어 학습자 중에는 모국에서 고등 교육을 마친 후 자신의 분야에서 성공적으로 활동하고 있는 전문가들이 적지 않다. 이들은 어떤 측면에서는 한국어 교사보다도 더 다양한 지식과 경험을 가지고 있는 사람들인데 한국어 수업에서 자신이 인격적으로 존중받지 못한다고 느낄 때 당황스러워한다.

"선생님이 한국어 숙제를 검사한 후 '참 잘했어요.' 스티커를 붙여 주실 때 마치 내가 유치원생이 된 것 같았어요." (기업체 파견 근무를 온 30대 영국 여성)

"한국어 수업에서 아이처럼 활동적인 게임을 자주 하는 것에 다소 거부감이 있어요. 게임에 지거나 규칙을 이해하지 못하면 벌칙을 받아야 해요." (대학원에서 철학을 전공한 20대 독일 남성)

"아무리 한국어 연습이라지만 수업 시간에 다른 학생들과 반말로 대화하기를 하는 것은 무언가 어색하고 즐겁지 않아요." (일본 전통문화 강사로 활동하는 50대 일본 여성)

## 🏠 언어 자아란

누구나 자아(自我)를 가지고 있다. '자아'의 사전적 정의는 '사고, 감정, 의지, 체험, 행위 등의 여러 작용을 주관하며 통일하는 주체'다. 한편 언어 교육에서는 성인이 제2언어를 학습하는 과정에서 겪는 어려움을 설명하기 위해 '언어 자아(language ego)'라는 표현을 사용한다. 언어 자아란 자신이 말하는 언어에 자신을 투영시켜서 발달시키는 자아다(Guiora et al., 1972). 다시 말하면 아이가 어른들이 쓰는 말을 쓰면서 스스로를 어른스럽게 생각하는 것과 같이 자기가 사용하는 언어가 어린아이와 같으면 자신을 어린아이처럼 생각하게 된다는 것이다.

사춘기 이전 아동의 자아는 유동적이어서 새로운 언어·문화에 비교적 쉽게 적응할 뿐만 아니라 새로운 자극을 받아들여 자신의 일부로 삼아 자아를 성장시킨다. 반면 사춘기 이후에는 자아가 정립되기 때문에 새로운 언어를 학습할 때는 이미 형성된 성인 자아와 서투른 언어를 사용하는 어린 자아 사이에 충돌이 생겨서 아주 큰 부담을 느끼게 된다. 그리고 자신의 자아를 보호하기 위해 안전한 모국어에만 매달리는 현상도 나타난다.

## 🏠 언어 자아를 고려하여 학습 활동 선택하기

당신은 한국어 교실의 모습이 어떨 것이라고 생각하는가? 초급반을 상상하면 기초적인 단어와 대화를 나누고 활동적으로 움직이는 유치원 수업이 그려지지 않는가? 그리고 고급반을 상상하면 중요한 주제에 대해서 토론하고 발표하는 대학의 수업이 떠오를 것이다. 실제 수업에서도 그와 비슷한 모습이 연출되기도 한다. 초급 수업에서는 물건을 사거나 병원에 가는 것 등의 상황을 설정해서 대화를 연습하는 역할극을 하기도 하고 단어나 문법을 연습하기 위해서 게임을 하기도 한다. 고급 단계에서는 사회적인 문제에 대해서 토론거리를 준비해 와서 서로 주장을 하고 반박을 하는 등의 고차원적인 지적 활동을 수행하기도 한다.

초급 단계의 수업에서는 보통 한국어 학습 효과를 높이기 위해서 단어카드, 모형 시계, 모형 돈 등의 다양한 교구를 활용한 연습을 유도한다. 이는 한국어를 사용할 수 있는 실제 상황을 재연해 봄으로써 한국어에 대한 자신감을 갖고 여러 상황에 익숙해지도록 한다는 점에서 의미가 있다.

그렇지만 교사가 아무리 수업 내용을 재미있게 만들어 가더라도 이런 수업을 즐기지 않는 사람도 있다. 기초적인 수준의 언어를 배우기 위해 도움이 된다고 해도 이미 지적인 능력이 성인인 학습자에게 적합하지 않은 활동도 있기 때문이다. 말을 아이 수준으로 한다고 해서 생각도 아이처럼 할 것이라고 착각해서는 안 된다.

한국어 교사는 학습자의 언어 수준을 고려한 수업 준비에만 신경을 쓸 것이 아니라 연령, 지적 수준, 성향 등도 염두에 두어야 한다. 교육적으로는 도움이 될 거라고 생각하지만 학습자의 입장에서 부담스러운 활동이라면 동영상이나 다른 방법을 통해 표현을 익히게 하는 것도 대안이 될 수 있다.

## 🏛 성인으로서 존중해 주기

　남녀노소를 막론하고 사람들은 누구나 어떤 상황에서든 인정받고 싶은 욕구가 있다. 새로운 외국어를 배울 때도 그렇다. 언어 능력이 낮다고 해서 자신의 자존감까지 낮아지는 경험을 좋아하는 사람은 없을 것이다. 한국어 교사는 언어를 가르치면서 학습자의 한국어 수준과 관계없이 한 사람 한 사람을 인정하고 인격적으로 대하도록 유의해야 한다.

　모든 한국어 학습자들이 공부를 열심히 하는 것은 아니다. 수업 시간에 지각을 일삼거나 매시간 조는 학생도 있다. 스마트폰을 만지작거리거나 숙제를 안 해 오는 학습자도 종종 있고, 때로는 수업 중에 자기 나라 말로 옆 사람과 잡담을 하는 학습자도 있다. 이 모든 상황은 교사에게 반가운 일이 아닐뿐더러 교실 분위기에도 좋은 영향을 끼치지 않는다.

　그렇지만 이때 학습자를 아이 나무라듯이 훈계를 하거나 야단을 치는 것은 그다지 좋은 방법이 아니다. 이들은 성인이고, 그들의 행동에 대해서 책임을 져야 할 나이가 되었다. 그러므로 교사로서 책임을 다한다고 한 행동이 오히려 역효과를 내어 자칫 교사에 대한 반감을 갖게 하거나 오히려 교사를 얕잡아 보게 하는 일도 생길 수 있기 때문이다.

　한 한국어 교사가 수업에 들어갔다. 학생들 중 한 명은 책상에 걸터앉아 있고, 반 이상은 교과서를 가지고 오지도 않았다. 숙제 공책을 펼쳐 보니 무슨 글자인지 알아볼 수도 없는 글자 투성이었다. 너무 실망스럽고 화가 나서 "이렇게 할 거면 공부하지 마세요!"라고 화를 내고 교실 문을 열고 나와 버렸다. 잠시 후 마음을 진정시키고 다시 교실로 돌아갔는데 학생들은 모두 제자리로 돌아가 있었다. 하지만 다시 돌아간 교실에서 마음을 추스르고 남은 수업을 하기가 여간 힘들지 않았다.

성인 학습자에게는 감정보다 이성에 호소하는 것이 좋다. 수업에 방해가 되는 행동을 했을 때는 한국어를 열심히 배워야 할 동기를 부여해 주고, 수업에 도움이 되지 않는 행동은 서로 간의 규칙을 통해서 줄일 수 있는 다양한 방법을 찾아보도록 한다. 예를 들어, 지각을 할 때마다 반 친구들에게 간식을 사 준다거나 숙제를 해 오지 않으면 다음 번에 해야 할 숙제를 늘리는 등 벌칙을 줄 수 있다. 수업 중에 외국어를 사용하면 벌금을 내게 해서 그 돈으로 나중에 같이 과자라도 나눌 수 있다면 벌칙이 나쁜 느낌으로만 다가오지도 않을 것이다.

이 모든 과정을 교사와 학습자가 회의를 통해서 같이 결정을 하면 학습자들은 자신이 성인으로서 존중받는다는 느낌을 받고 수업에 더욱 적극적으로 참여하게 된다.

## 🏠 서로가 배우는 한국어 수업

언어 수업은 한 방향으로 이루어지지 않는다. 언어 수업에서는 교사와 학습자가 활발한 상호작용을 통해 함께 배운다. 즉, 한국어 교사는 학습자에게 한국어를 가르쳐 줌과 동시에 학습자가 속해 있는 사회와 문화에 대해서 자연스럽게 접하게 된다. 반대로 학습자들이 가지고 있는 전문 분야나 지식에 대해서 한국어 교사가 배울 기회를 얻기도 한다.

언어 교사가 학습자의 문화를 존중하고 이해하려는 태도를 가질수록 한국어 수업은 양방향으로 소통이 이루어지며 서로가 함께 배우는 시간이 된다. 한국어 교사는 학습자가 아무리 서투른 한국말을 사용한다 해도 그 학습자 안에는 이미 다 자란 성인으로서의 자아가 있다는 것을 잊지 말아야 한다.

**한 걸음 더**

성인 학습자와 언어 자아에 대해 더 깊이 알고 싶다면 다음의 논저를 참고할 수 있다.

권미경 · 이소연(2005), 외국어로서의 한국어 교육에서 성인학습자의 동기가 학업성취도에 미치는 영향, 국제한국어교육학회, 한국어 교육 16-3, 1-28쪽.

박혜숙 · 이호정(2013), 제2언어 동기적 자아와 의사소통의지가 영어학습에 미치는 영향: 구조방정식 모형을 바탕으로, 글로벌영어교육학회 18-2, 259-284쪽.

Guiora, A. Z., et al. (1972), The effects of experimentally induced changes in ego states on pronunciation ability in a second language: an exploratory study. *Comprehensive Psychiatry 13*: 421-428.

**이것만은 꼭**

✓ 성인 학습자들은 서투른 외국어를 사용할 때 대체로 심리적 부담을 느낀다.

✓ 교사의 생각에는 재미있는 활동이라도 성인 학습자는 유치하다고 느낄 수 있다.

✓ 성인 학습자들이 수업에 방해되는 행동을 하면 꾸짖기보다는 <u>스스로</u> 자제할 수 있도록 돕는다.

 생각해 보기 확인

다음 중 맞다고 생각하는 것을 찾아보세요.

☑ 초급이라도 성인 학습자와 아동 학습자의 수업 방식이 달라야 한다.

➡ 맞아요. 초급이라도 대상에 따라 수업 방식은 달라져야 합니다.

☐ 유치원이나 초등학교 저학년 자료를 성인 대상의 한국어 수업에서 그대로 사용할 수 있다.

➡ 틀려요. 어린이 교재를 그대로 가져다 쓰면 성인들이 유치하다고 느낄 수 있으니 골라서 쓰거나 수정해서 쓰는 것이 좋습니다.

☐ 학습자가 수업 시간에 늦거나 숙제를 안 해 오면 교사가 엄격하게 야단을 치는 것이 좋다.

➡ 틀려요. 야단치기보다는 숙제가 얼마나 중요한지 알려 주고 서로 규칙을 정하는 것이 좋습니다.

# 08 학습자가 경험하는 세상 이야기

학습자들이 실제로 부딪히는 상황을 고려하라

● 다문화센터에서 한국어를 배우는 결혼이주여성 K씨. 오늘 5일장이 서는 날이어서 한국어 교실에서 배운 표현을 종이에 메모해 가지고 갔다. 채소 가게에 들러 "아주머니, 조금만 더 주세요."라고 했더니 한국어를 잘한다며 아주머니가 채소를 두 줌이나 더 주셔서 뿌듯했다. '내일 한국어 선생님께 자랑해야지…….'

● 한국에 있는 대학 부설 기관에서 한국어를 배우는 유학생 P씨. 오늘 한국어로 편지 쓰는 방법을 배웠다. 그리고 부모님께 한국어로 이메일을 써 보는 활동을 했다. 한국 자모도 모르는 고향의 부모님께 한국어로 편지를 쓰라니……. 이 과제를 왜 하는지 납득이 되지 않는다.

**생각해 보기**

다음 중 맞다고 생각하는 것에 ✔ 표시를 해 보세요.

☐ 한국어 교재 본문에 제시되는 상황은 실제보다 가상의 세계일수록 좋다.

☐ 수업 활동을 할 때 같은 수준의 학습자에게는 동일한 연습 상황을 제시하는 것이 원칙이다.

☐ 모든 한국어 듣기 자료에는 실제로 들리는 주변 소음을 모두 제거하고 사람의 음성만 들어가야 한다.

## 🏛 학습자의 실제 상황이란

우리는 드라마나 영화를 보면서 주인공의 상황과 감정에 몰입하는 일이 종종 있다. 주인공이 처한 상황이 자신과 유사하거나 가상이 아닌 현실 세계에 가까울수록 그 상황에 더 쉽게 빠져든다. 악역을 맡은 배우를 실제로 보게 되었을 때 마치 이전에 알던 사람을 대하듯이 '그렇게 살지 말라.'고 하면서 나무란 적이 있다는 사람들의 일화는 그들이 얼마나 드라마나 영화 속 상황에 이입했는가를 보여 준다.

실제는 아니지만 실제 상황에서도 벌어질 법한 이야기, 나의 삶과 연관성이 깊은 상황일수록 공감대가 더 쉽게 형성된다. 이것을 외국어 학습과 교수에도 적용할 수 있다. 교수자가 가르칠 내용과 방법, 상황을 결정함에 있어서 학습자의 실제 상황을 얼마나 고려하는가가 교육의 효율성을 좌우한다. 이를테면 학습자가 목표 언어를 학습한 후 실제 상황에서 어떤 경험을 하게 될 것인가를 예측하고 그것을 언어 교육의 내용으로 적극적으로 가져오는 것이다. 반면 학습자의 실제 상황과 무관한 내용이 언어 학습에 반영된다면 학습 동기가 저하되는 것은 물론 교육적인 효과도 크게 기대할 수 없다.

## 🏛 교육적 배려가 필요한 상황들의 예

한국어 교육 자료 및 교수 현장에서 학습자의 실제 상황을 고려하지 못한 몇 가지 예를 들어 보자.

■ 영어권 학습자를 위한 한국어 교재 본문의 한 장면

한국어를 배우는 영어권 학생이 현지의 마트에서 쇼핑을 하고 있다. 해외 상황이니 점원도 물론 현지인이다. 영어권 학생은 "우유 어디 있어요?"라고 한국어로 묻고, 현지인 점원은 "저기 있어요."라고 한국어로 답한다. 쇼핑에 필요한 한국어 대화를 한 것에는 문제가 없는데 영어권 현지 마트에서 현지인끼리 한국어 대화를 나누는 것이 현실에서 있을 수 있는 일일까?

■ 한국어 수업에서의 쓰기 활동

수업 시간에 이메일 쓰기를 배운 후 한국어로 이메일 쓰기 활동을 했다. 고향에 계신 사랑하는 부모님이나 고향 친구에게 한국어 편지를 쓰는 것이 과제다. 그런데 학생들의 부모님이나 친구 중 한국어를 이해하는 분은 아무도 없다. 그렇다면 이 활동이 얼마나 실제적인 활동이 될 수 있을까?

## ■ 이주여성 대상 수업에서의 대화 상황 제시

필리핀에서 온 결혼이주여성 H씨는 마을의 다문화센터에서 매주 1회 한국어 수업을 듣는다. 어느 날은 휴가에 대해 배우면서 호텔 예약하기와 휴양지에서 필요한 대화를 연습했다. 한국에 온 지 10여 년. 바쁜 농사일로 호텔이나 휴양지는커녕 가까운 곳에 나들이 갈 엄두도 못 내는 상황인데 휴양지라니. 수업 내용이 너무 멀게 느껴졌고 왠지 마음이 울컥했다.

## ■ 아동을 대상으로 한 수업에서의 예문 제시

A씨는 다문화가정 아동 대상의 한국어 수업에서 '-(으)ㄴ 지 -이/가 되다'라는 표현을 가르치고 있다. 그런데 "그 부부는 결혼한 지 1년 만에 이혼했다."라는 표현이 교재 예문으로 나와 있다. 문법을 중심으로 가르치는 수업이라지만 예문의 내용 자체가 아동에게는 맞지 않는 것 같아 순간 당황스러웠다. 이 문장을 아이들에게 그대로 제시해야 할지 모르겠다.

# 🏠 '실제성'이라는 비법을 가미하기

언어 학습자들은 자신에게 필요하다고 생각되는 표현은 쉽게 익히거나 배우고자 하는 동기가 생기지만, 자신과 동떨어진 상황이나 평생 겪어 보지 못할 상황에 대해서는 배울 필요성을 못 느낀다. 따라서 언어 교사는 교육 자료, 교수법 등에 최대한 '실제성'을 반영하도록 배려해야 한다. 앞서 제시한 상황을 다음과 같이 바꾸어 본다면 교육적 효용성을 기대할 수 있다.

### ■ 영어권 학습자를 위한 한국어 교재 본문의 한 장면

영어권 마트에서 현지인끼리 한국어로 대화를 나누어 어색했던 상황은 '한인 마트'로 상황을 옮기면 설득력이 생긴다. 한국어를 배우는 외국인이 한인 마트에서 한국어로 물건을 사는 상황이 되기 때문이다.

### ■ 한국어 수업에서의 쓰기 활동

유학생의 편지 쓰기는 부모님이 아니라 한국인 친구나 한국어 선생님에게 이메일을 쓰는 상황으로 바꿀 수 있다. 연습으로 그치는 것이 아니라 실제로 이메일을 보내도록 하여 답장을 받는 활동으로까지 연계할 수 있으므로 실제성이 높다.

### ■ 이주여성 대상 수업에서의 대화 상황 제시

결혼이주여성의 상황을 고려해 보면 휴양지 여행 계획보다 고향 방문 계획이 훨씬 더 현실적이다. 고향 방문을 하기 위한 준비 작업으로, 항공권을 예약하거나 국내 여행사에 전화하여 일정 등을 직접 세워 보는 활동으로 응용할 수 있다.

■ 아동을 대상으로 한 수업에서의 예문 제시

다문화가정 아동을 대상으로 한 문법 교육이라면 동일한 문법 표현[예를 들면 '-(으)ㄴ 지 -이/가 되다']이라도 성인을 대상으로 할 때와 다른 예문을 선택하는 것이 바람직하다. 초등학생의 수준에 맞게 "5학년이 된 지 벌써 두 달이 되었어요." "태권도를 배운 지 1년 만에 검은띠를 땄어요."와 같은 예문을 제시한다면 다문화가정 아동이 한국어 수업에서 배우는 내용과 그들의 실제 생활이 자연스럽게 연계된다.

이와 같이 조금만 학습자를 배려하면 얼마든지 그들의 눈높이에 맞게 실제성 있는(authentic) 상황과 내용으로 바꿔 제시하는 것이 가능하다.

## 한국어 교육에 '실세계 접근법' 적용하기

학습자들이 경험하게 될 가능성이 높은 실제 상황을 언어 교수에 적용하는 것을 '실세계 접근법(real world approach)'이라 한다. 이는 언어 교육 현장에서 많은 교수자들이 고려하고 있으며 한국어 교육에서도 예외가 아니다. 한국어 교사가 예언자처럼 학습자에게 벌어질 사소한 일이나 상황까지 알아맞히는 것은 어렵지만 학습자에 대한 관심을 가지고 그들의 상황을 이해하면 할수록 학습자를 둘러싼 주변에서 일어날 가능성이 높은 상황을 예측할 수 있다.

우리가 책을 읽거나 가요를 부르고 드라마, 영화를 감상할 때도 나와 거리가 먼 이야기보다는 나에게도 일어났거나 일어날 법한 이야기에 더 마음이 움직인다. 그리고 절실히 와 닿은 이야기일수록 잘 기억되는 법이다. 반면 나와 연관성이 전혀 없거나 적은 이야기가 언어 교육의 소재가 된다면 교육의 효율성을 기대하기 어렵다. 교재에 제시된 본문의 상황, 예문, 설명할 때 제시하는 사례 하나하나를 신중하게 선별해야 하는 것도 이 때문이다. 따라서 교재와 활동을 구상하는 한국어 교사는 다음 세 가지를 꼭 기억하는 것이 좋겠다.

첫째, 현실 세계에서 일어날 수 있는 상황인가?
둘째, 학습자들이 경험할 수 있는 상황인가?
셋째, 학습자의 수준에서 가능한 활동인가?

### 한 걸음 더

한국어 교육에 있어서 '실제성'에 대해 더 상세히 살펴보려면 다음의 논저를 참고할 수 있다.

김서형(2013), 한국어 대화문 종결 형태의 실현 양상 연구-한국어 교육 교재 대화문의 실제성 확보를 위하여, **문법 교육 19**, 183-205쪽.

김지영·강현주(2013), 한국어 말하기 과제의 상호작용적 실제성 연구, 이중언어학 52, 19-44쪽.

우형식(2011), 한국어 읽기 텍스트의 실제성과 단순화에 대한 반성적 접근, 우리말연구 28, 285-314쪽.

전은주(2011), 한국어 말하기 듣기교육에서 "실제성 원리"의 적용 층위와 내용, 새국어교육 89, 553-575쪽.

✓ 한국어 교재에서의 상황 제시는 실제성에 대한 고려가 필요하다.

✓ 동일한 수준의 학습자라도 수업에서의 활동은 학습자의 상황에 따라 차별화되어야 한다.

✓ 한국어 교사는 학습자가 경험하게 될 세계에 대해 늘 관심을 가지고 교육에 적용해야 한다.

생각해 보기 확인!

다음 중 맞다고 생각하는 것에 ✓ 표시를 해 보세요.

☐ 한국어 교재 본문에 제시되는 상황은 실제보다 가상의 세계일수록 좋다.

➡ 틀려요. 교육적으로 가공된 상황이기는 하지만 실제 상황에 가까울수록 좋습니다.

☐ 수업 활동을 할 때 같은 수준의 학습자에게는 동일한 연습 상황을 제시하는 것이 원칙이다.

➡ 틀려요. 같은 수준의 학습자라도 학습자의 상황을 고려하여 활동을 차별화하는 것이 좋습니다.

☐ 모든 한국어 듣기 자료에는 실제로 들리는 주변 소음을 모두 제거하고 사람의 음성만 들어가야 한다.

➡ 틀려요. 수업 자료의 실제성을 높이려면 실제 그 상황에서 접할 수 있는 모든 요소를 고려하는 것이 좋습니다. 즉, 시장에서의 대화를 들려줄 때는 시장에서 흔히 들을 수 있는 소리를 함께 반영하는 것이 바람직합니다. 다만, 초급 수준이거나 학습의 초기 단계라면 언어 자체에 집중할 수 있도록 실제의 주변 소음을 제거할 수도 있습니다.

# 09 모국어가 외국어 학습에 미치는 영향

모국어는 내가 새로운 언어를 배우는 것을 방해한다

늘 수업에 열정적인 한국어 교사 H씨. 현재 여러 언어권의 학생들을 가르치고 있다. 그런데 학생들이 종종 틀리거나 어려워하는 것에 언어권별 공통점이 있음을 발견했는데……

 다음 중 외국어를 배울 때 나타나는 현상으로 맞는 것을 찾아 보세요.

☐ 모국어에 없는 외국어 발음을 배우는 것은 특히 더 어렵다.

☐ 외국어로 말할 때 모국어의 어순을 그대로 가져오는 경우가 종종 있다.

☐ 아동은 외국어를 학습할 때 성인보다 모국어의 영향을 더 크게 받는다.

☐ 학습의 초기 단계에서는 모국어와 언어적 특징이 유사한 외국 어를 배우는 것이 상이한 언어를 배우는 것보다 더 수월하다.

## 언어를 배우는 두 가지 과정: 습득과 학습

언어를 배우는 과정은 크게 두 가지로 일컬어진다. 언어를 '무의식적으로' 배우는 과정과 '의식적으로' 배우는 과정이다. 아이들이 모국어를 익히는 것과 같이 일상생활에서 자연스럽게 언어를 터득하는 것을 '습득'이라 하고, 새로운 언어를 배우기 위해 노력하는 것을 '학습'이라 한다. 즉, '학습'이란 우리가 어떤 필요나 요구에 따라 낯선 언어에 익숙해지기 위해 의식적인 노력을 기울이는 과정이다.

이민이나 파견으로 다른 언어권으로 이주를 했을 때 가장 먼저 부딪히는 것은 언어 문제다. 다행히도 어린 자녀들은 어느 정도 시간이 흐르면서 현지어에 자연스럽게 친숙해진다. 반면 부모들은 자녀들의 언어 습득 속도를 따라가지 못하는 경우가 많다. 심지어 전세가 역전되어 자녀들이 유창한 현지어 실력으로 부모를 위해 통역을 하는 상황이 되기도 한다. 이것은 언어 습득과 학습의 차이에서 비롯된다.

인간은 새로운 언어를 수용하는 선천적 능력이 있지만 그 능력이 영구적이지는 않다. 성인의 경우 낯선 언어를 익힐 수 있는 최적의 시기가 이미 지났기 때문에 의식적인 학습을 해도 아동만큼의 효과를 기대하기 어렵다. 반면 10세 전후의 아동들에게는 모국어 이외의 또 하나의 언어를 자연스럽게 받아들이는 능력이 있는 것으로 알려져 있다.

## 새로운 언어를 수용하는 선천적 능력

인지 능력으로 보면 성인이 아동보다 훨씬 앞선다. 그럼에도 불구하고 새로운 언어를 배우는 속도에서만큼은 오히려 아동이 성인보다 크게 앞서는 것은 무엇 때문일까? 아동에게는 낯선 언어를 모국어와의 충돌 없이 자연스럽게 받아들이는 선천적인 능력이 있기 때문이다. 단, 별다른 거부감 없이 모국어 이외의 새로운 언어를 수용하고 무의식적으로 배워갈 수 있는 능력은 특정 시기로 한정된다. 일정한 연령이 지나면서 그 능력은 점점 사라져 가는데, 이는 새로운 언어를 배울 수 있는 결정적 시기(Critical Period)를 놓쳤기 때문이다. 이와 같이 언어를 습득할 수 있는 최적의 시기가 유한함을 지지하는 가설을 '결정적 시기 가설(Critical Period Hypothesis: CPH)'이라 한다.

성인이라고 해서 언어를 자연스럽게 습득하지 못하는 것은 아니다. 한국에 거주하는 결혼이주여성, 외국인 근로자와 같이 일상생활에서 '한국어'를 듣고 말해야 하는 상황으로 삶의 터전이 바뀌었다면, 아동보다는 상대적으로 더디지만 습득이라는 과정으로 한국어를 배운다. 또한 그들에게 한국어는 선택이 아닌 필수적인 언어이므로 외국어가 아니라 '제2언어'가 된다.

## 🏛 모국어의 간섭

우리가 어떤 외국어를 처음 배울 때 그 언어를 있는 그대로 수용하고 그 언어로 사고하는 일은 드물다. 자신도 모르게 모국어의 틀 안에서 외국어를 받아들인다. 외국어로 무언가를 표현하고자 할 때 우선 모국어의 어순, 문법, 표현을 떠올린 후 그것을 외국어로 그대로 옮기곤 한다. 외국어를 발음할 때도 모국어의 발음 현상이 전이되어 나타난다.

이와 같은 현상은 외국인들이 한국어를 배우는 과정을 잘 관찰해 보아도 쉽게 발견할 수 있으며, 언어권별 특징이 구분되기도 한다. 학습자의 모국어가 한국어를 배우는 데에 부정적인 영향을 미치는 예로, 일본어권 학습자가 '받침' 발음을 어려워해서 '방', '밤', '반'을 혼동하거나 영어권 학습자가 한국어의 '어순'을 헷갈려하는 것, 중국어권 학습자가 중국어에서 쓰이는 단어를 그대로 가져옴으로써 어색한 '한자어'를 쓰는 것 등을 들 수 있다. 이처럼 모국어의 어떤 요소가 외국어 학습에 부정적인 영향을 미치고 외국어 학습을 방해하는 것을 '간섭 현상'이라 한다. 간섭 현상은 아동보다는 성인이 외국어를 배울 때 더 빈번하게 일어난다.

외국어 학습에서 모국어의 간섭 현상은 자연스럽게 나타나며, 학습 과정이나 단계를 거치면서 점차 극복해 나간다. 한국어 교사는 외국인의 한국어 학습 과정에서 발견되는 다양한 간섭 현상을 간과하지 말고 그 특징을 포착할 필요가 있다. 그리고 언어권별 간섭 현상을 사전에 예측하고 교육 내용과 방법을 결정하는 데에 활용할 수 있다.

## 간섭 현상의 사례와 교육에의 적용

다음은 언어권별로 자주 발견되는 간섭 현상의 몇 가지 사례다. 언어 교사가 학습자의 모국어에 대한 이해도가 높을수록 간섭 현상의 원인을 파악하는 데에 유리하며, 한국어 교수 시에도 적절한 설명을 해 줄 수 있다.

| 학습자의 언어권 | 학습자가 쓴 표현 | 맞는 표현 | 간섭 현상 원인 분석 |
|---|---|---|---|
| 일본어권 | 혼자로 갔어요.<br>친구에 만납니다. | 혼자서 갔어요.<br>친구를 만납니다. | '一人で', 'ともだちに'를 그대로 직역 |
| 영어권 | 저는 세 명 동생 가집니다.<br>나는 당신의 목걸이 좋아요. | 저는 동생이 세 명 있습니다.<br>목걸이 예쁘시네요. | 'I have three brothers.'와 'I like your necklace.'를 그대로 직역 |
| 중국어권 | 여기에 정차하세요.<br>유람 잘 하셨어요? | 여기에 주차하세요.<br>구경 잘 하셨어요? | 중국어의 '정차(停车)'는 한국어의 주차, '유람(游览)'은 구경한다는 의미임 |

실제로 한국어를 가르치다 보면 앞의 사례 이외에도 다양한 간섭 현상의 예를 접하게 된다. 이것을 체계적으로 정리해 두면 교수법 개발을 위한 좋은 자료가 될 것이다. 아직 한국어 교육의 경험이 없거나 불충분하다면 자신이 외국어를 배울 때 한국어의 영향으로 실수하거나 틀렸던 예들을 정리해 볼 것을 권한다.

외국어 학습 경험이 풍부하고 수많은 실패를 경험해 본 사람일수록 좋은 한국어 교사로서 강점이 있다. 학습자들이 또 하나의 낯선 언어를 배운다는 것이 얼마나 어려운 일인지를 이해할 수 있고, 모국어의 영향으로부터 자유롭지 못한 것이 지극히 자연스러운 현상임을 인정할 수 있기 때문이다.

언어의 습득 및 학습 과정, 모국어 간섭 현상에 대해 더 깊이 살펴보려면 다음의
논저를 참고할 수 있다.

김유미(2002), 학습자 말뭉치를 이용한 한국어 학습자 오류 분석 연구, 외국어로서의
　　한국어교육 27-1, 141-168쪽.

박경자 외(1994), 언어교수학, 박영사.

박이도(1990), 제1언어습득과 제2언어습득간의 관계해명: 습득순서와 습득방책을
　　중심으로, 어문집 11-3, 107-142쪽.

이다미(2004), 제2언어 습득: 내재적 언어능력 때문인가, 상호작용 때문인가?, 이중언
　　어학 24, 177-193쪽.

허용(2004), 중간언어 음운론에서의 간섭현상에 대한 대조언어학적 고찰, 한국어 교
　　육 15-1, 257-259쪽.

## 이것만은 꼭

✓ 언어를 배우는 과정에는 크게 '습득'과 '학습'이 있다.

✓ 모국어가 외국어 학습을 방해하는 것을 '간섭 현상'이라 한다.

✓ 학습자의 언어권별 간섭 현상의 특징을 알고 있으면
한국어 교수에 많은 도움이 된다.

 생각해 보기 확인 다음 중 외국어를 배울 때 나타나는 현상으로 맞는 것을 찾아
보세요.

☑ 모국어에 없는 외국어 발음을 배우는 것은 특히 더 어렵다.

➡ 맞아요. 모국어에 없는 발음은 그것을 변별하는 능력이 없기 때
문에 배우기가 더 어렵습니다. 가령, 한국인이 영어를 처음 배울 때
'Vase'의 'V'와 'Base'의 'B' 발음, 'Full'의 'F'와 'Pool'의 'P' 발음을
잘 구분하지 못하는 것도 이러한 이유에서입니다.

☑ 외국어로 말할 때 모국어의 어순을 그대로 가져오는 경우가
종종 있다.

➡ 맞아요. 모국어의 어순이나 어휘, 문법이 외국어 학습에 영향을 끼
치는데, 이것을 '간섭 현상'이라 합니다.

☐ 아동은 외국어를 학습할 때 성인보다 모국어의 영향을 더 크게
받는다.

→ 틀려요. 외국어를 학습할 때 모국어의 영향을 더 많이 받는 것은 성인입니다. 반면 아동은 새로운 언어를 받아들이는 능력이 성인보다 뛰어나므로 모국어의 영향을 덜 받습니다.

☑ 학습의 초기 단계에서는 모국어와 언어적 특징이 유사한 외국어를 배우는 것이 상이한 언어를 배우는 것보다 더 수월하다.

→ 맞아요. 한국인이 일본어를 배우거나 일본인이 한국어를 배울 때 다른 언어권의 학습자보다 더 수월한 것은 두 언어의 공통점이 많기 때문입니다.

## 모국어 습득과 외국어 학습의 난이도

교사는 학습자의 모국어와 목표 언어 간의 음운(발음), 문법, 어휘의 차이를 비교함으로써 외국어 학습의 어려움을 예측할 수 있다. 일반적으로 모국어에 없는 음운(발음)이나 표현, 혹은 모국어에서는 하나의 소리나 의미인 것이 외국어에서는 둘 이상으로 나누어질 때 더 배우기가 어렵다. 음운(발음), 문법, 어휘 학습의 난이도는 다음과 같다. 작은 숫자일수록 난이도가 높은 것이다.

● 음운적 난이도

| 난이도 | 모국어 | 제2언어 |
|---|---|---|
| 1 | 이음<br>(같은 음소에서 소리가 다른 경우) | 없음 |
| 2 | 이음들이 분포와 기능에서 다른 경우 | |
| 3 | 없음 | 이음 |
| 4 | 없음 | 음소 |
| 5 | 음소들이 분포나 기능에서 다른 경우 | |
| 6 | 음소 | 없음 |

● 문법적 난이도

| 난이도 | 모국어 | 제2언어 |
|---|---|---|
| 1 | 없음 | 어떤 구문 형태나 범주 |
| 2 | 어순의 차이 | |
| 3 | 어떤 구문 형태나 범주 | 없음 |
| 4 | 각 범주가 일치할 때 | |
| 5 | 단순 형태 유형 | 다양한 형태 유형 |
| 6 | 다양한 형태 유형 | 단순 형태 유형 |

● 어휘의 난이도

| 난이도 | 모국어 | 제2언어 |
|---|---|---|
| 1 | 형태는 유사하지만 의미의 차이가 있는 경우 | |
| 2 | 형태가 비슷함 | 다양한 의미의 유사한 어휘 형태가 있는 경우 |
| 3 | 다양한 의미의 유사한 어휘 형태가 있는 경우 | 형태가 비슷함 |
| 4 | 한 형태 | 다른 형태의 유의어가 있는 경우 |
| 5 | 다른 형대의 유의어가 있는 경우 | 한 형태 |
| 6 | 형태는 비슷하지만 의미가 다를 경우 | |
| 7 | 형태는 다르지만 의미가 같을 경우 | |
| 8 | 형태가 같고 의미도 같을 경우 | |

출처: Stochwell과 Bowen(1965: 16), The Sound of English and Spanish, Chicago: University of Chicago Press; Higa(1965), The Psycholinguistic Concept of "Difficulty" and the Teaching of Foreign Language Vocabulary, Language Learning 15: 167-179, 박경자 외(1994: 143-146), 언어교수학, 박영사에서 재인용.

# 10 실수 없이 언어를 배울 수 있을까

학습자의 말에는 현재 수준과 처방에 대한 단서가 있다

한국어 교사가 된 지 3개월째인 O씨. 누구보다도 열심히 가르치고 성실한 교사다. 그런데 아무리 열심히 가르쳐도 학생들은 배운 것을 자꾸 반복해서 틀린다. 무엇이 문제인지 모르겠다.

생각해 보기

다음 중 맞다고 생각하는 것에 ✔ 표시를 해 보세요.

☐ 누구나 외국어에 대한 '지식'만 있으면 외국어를 유창하게 할 수 있다.

☐ 외국어를 배우는 과정에서 다양하고 불완전한 언어 체계가 나타나기 마련이다.

☐ 외국어 교사는 학습자의 말에 늘 주의를 기울이고 세심하게 관찰할 필요가 있다.

## 언어 이해 능력과 언어 수행 능력의 괴리

머리로 아는 것과 직접 할 수 있는 것은 다르다. 만약 수영하는 법에 대한 설명을 자세히 듣는다면 충분한 연습 없이도 수영을 잘하게 될까? 자동차에 대한 내용과 운전의 원리를 열심히 배우면 바로 운전을 할 수 있게 될까?

언어에 대해 '아는 것'과 '사용하는 것'에도 큰 차이점이 있다. 수영과 운전의 원리를 몰라도 충분한 연습을 통해 그것을 할 수 있는 능력이 자연스럽게 몸에 배듯이, 언어 지식이 불충분하더라도 반복적인 연습은 언어를 익히는 데에 많은 도움이 된다. 이를테면, 문법 이론을 몰라도 일상생활에서 중요하게 쓰이는 표현을 자주 쓰다 보면 어느새 그 표현을 의식하지 않더라도 저절로 말할 수 있는 수준에 이른다.

언어 이해 능력과 언어 수행 능력은 다르다. 언어 교사의 설명을 학습자가 잘 이해했다고 해서 그것을 직접 표현할 수 있는 능력까지 갖춘 것은 아니라는 것이다. 따라서 한국어 교사는 한국어에 대한 지식이 아니라 학습자가 한국어 수행(사용) 능력을 기르는 데에 중점을 두고 가르쳐야 한다.


## 중간언어

무언가를 몸으로 배우고 익히려면 충분한 시간이 확보되어야 한다. 아무리 쉽고 간단해 보여도 막상 해 보면 몸이 마음을 따라가지 못하는 경험을 누구나 해 보았을 것이다. 반면 같은 연습을 장기간 수차례 반복하다 보면 자신도 모르는 사이에 그 동작에 능숙해져 있음을 깨닫는다. 악기 연주, 운동 등이 좋은 예다. 피아노, 바이올린과 같은 악기를 처음 배울 때의 손동작과 음색은 1년 후의 그것과 전혀 같지 않을 것이다. 수영이나 탁구 등을 처음 배울 때는 아무리 설명을 들어도 배운 대로 따라 하기가 힘들지만, 일정한 기간이 흐르고 나면 바른 동작이 몸에 배고 자신감도 생긴다.

무엇이든지 몸으로 배우는 것은 하루아침에 이루어지지 않는다. 처음부터 완벽한 모습이 아니다. 기나긴 과정 속에서 수많은 실패를 경험하면서 자신에게 부족한 것이 무엇인지 깨닫고 고치기를 거듭한다. 이러한 모든 과정의 순간순간은 가치가 있는 것이며, 그것으로 인해 목표 지점에 도달할 수 있게 된다.

우리가 익숙하지 않은 언어를 새롭게 배울 때 원어민 화사의 좋은 발음과 문장을 아무리 많이 접한다고 해도 막상 스스로 표현해 보면 서툰 발음과 어색한 문장이 된다. 모범적인 입력(input)과 이상적인 출력(output)은 별개인 것이다. 하지만 시간이 흐르면서 불완전한 모습이 점차 완전한 모습에 근접하게 된다. 외국어를 배울 때도 적극적이고 다양한 시도를 하면 할수록 실패의 경험도 늘어나기 마련이다. 이와 같이 불완전한 언어 출력과 실패를 거듭하면서 언어 능력도 발달한다.

새로운 언어의 입력과 출력의 과정에서 나타나는 다양한 언어 체계를 '중간언어(interlanguage)'라 한다. 실링커(Selinker)는 어떤 언어를 배우는 과정에서 만들어 내는 '중간언어'는 불완전한 언어 체계이지만 창조적이고 논리적이며 끊임없이 발전해 간다는 점에 주목했다. 그리고 학습자의 언어 발달에 있어서 중간언어의 가치를 강조했다.

## 🏠 중간언어에 담긴 교육적 단서

의사는 환자를 진료하기에 앞서서 진찰을 하거나 필요한 검사를 한다. 이를 통해 환자의 현재 상태와 그것의 원인을 살핀다. 그리고 증상이 비슷한 환자라 해도 연령, 체질, 가족력 등을 고려하여 처방을 한다.

한국어 교사가 학습자를 처음 만나서 가장 먼저 파악해야 하는 것은 학습자의 현재 언어 수준이다. 그리고 수업의 과정에서 학습자의 한국어가 어떻게 발달해 가고 있는지와 어떤 측면이 부족한지를 세심하게 살핀다. 학습자의 현재 언어 수준을 엑스레이를 찍듯이 정확한 데이터로 알아낼 수는 없더라도, 학습자가 한국어로 말하고 쓴 자료들을 분석함으로써 유용한 단서를 발견할 수 있다.

언어 학습의 과정에서 학습자가 산출해 내는 중간언어는 교육적인 가치가 매우 높은 자료다. 중간언어는 학습자의 현재 수준을 여실히 보여 주고 있으며, 현재 그들에게 필요한 교육 내용과 방법이 무엇인지를 언어 교사로 하여금 생각해 볼 수 있도록 한다.

## 🏠 중간언어의 특징

학습자의 중간언어의 특징은 '논리적'이고 '창의적'이며 '역동적'으로 변화해 나간다는 데에 있다.

한국어 학습자들이 종종 "한국에 왔어서 한국어를 배워요."라고 표현하는 것을 볼 수 있는데, 여기에는 나름대로 논리적인 이유가 있다. "한국에 왔어요. 한국어를 배워요."라는 두 문장을 연결하여 하나로 만들면서 앞 문장의 시제(-았-)를 그대로 남겨 둔 것이다.

한국에 <u>왔</u>어요. 한국어를 배워요.
➜ 한국에 <u>왔</u>어서 한국어를 배워요.

학습자의 중간언어가 창의적이라는 것은 의사소통을 하기 위해 이전에 들어 보지 못한 표현을 스스로 만들어 낼 줄 안다는 의미다. 한국에 온 지 얼마 안 된 외국인이 재래시장에 가서 '닭'을 사려고 한다. 그런데 '닭'이라는 단어를 모른다. 어떻게 언어로 표현했을까? 자신이 알고 있는 한국어 중에서 '계란'과 '엄마'라는 단어가 떠올라 두 단어를 조합해서 "계란엄마 주세요."라고 말했고, 결국 닭을 살 수 있었다고 한다. 정확한 한국어로 표현을 한 것은 아니지만 의사소통의 측면에서는 성공한 것이다.

한국어를 쓰는 상황에 충분히 노출되고 한국어 교사의 도움을 받으면서 학습자는 자신의 한국어에서 부족한 부분을 조금씩 고쳐 나가게 된다. 한국어 학습 경험이 늘어나면서 '한국에 왔어서'가 아니라 '한국에 와서'로, '계란엄마'가 아니라 '닭'으로 발화할 수 있게 된다. 이러한 측면에서 중간언어를 역동적인 언어라고 한다. 중간언어가 멈추지 않고 지속적으로 변화해 갈 때 언어 능력도 발달한다.

## 화석화와 퇴화

목표 언어의 입력 및 출력 과정에서 학습자는 자신의 배경지식과 이해 범위 안에서 다양한 시도를 한다. 이때 나타나는 중간언어가 바람직한 방향으

로 변화해 가면 좋겠지만, 도중에 그 형태가 고정되어 버리거나 이미 극복
했던 이전 단계로 되돌아가기도 한다.

### ■ 화석화

학습자의 불완전한 언어가 더 이상의 변화 없이 고정되는 것을 '화석화'
라 한다. 한국 거주 기간이 길더라도 한국어를 체계적으로 배울 기회가 없
이 한정된 사람들과만 대화를 나눈다면, 잘못된 한국어를 사용해도 의사소
통에 큰 문제가 없는 한 주변의 한국인들이 그것을 고쳐 주지 않을 것이다.
이것을 그냥 지나쳐 버린다면 그 외국인의 한국어는 화석화될 가능성이 있
다. 즉, 틀린 표현을 지속적으로 사용하지만 그것을 자각하지 못하는 채로
불완전한 한국어가 굳어지는 것이다.

### ■ 퇴화

본국에서 교사로 재직하다가 정년퇴직 후에 한국에서 어학연수를 했던
학습자가 있었다. 제2의 인생을 설계하면서 외국어를 새롭게 배우고자 하
는 동기가 높고 매우 성실한 학습자였다. 2년간의 어학연수 기간 동안 집중
적으로 공부한 덕분에 그는 고급 수준의 한국어를 구사할 정도가 되었다.
어학연수를 마치고 본국으로 돌아간 그는 3년 만에 다시 한국을 찾았다. 그
의 한국어는 이전 실력이 아니었으며 상당히 퇴보되어 있었다. 이해할 수
있는 한국어 어휘가 제한적이었으며 한국어로 대화를 나누는 중에도 많은
오류가 나타났다. 그가 한국에서 집중적으로 공부하던 시기에 어렵게 극복
했던 중간언어들이 본국으로 돌아간 후 한국어에 대한 노출 기회가 없어지
면서 오히려 '퇴화'한 것이다.

# 🏛 한국어 교사는 명탐정

언어 교사는 명탐정이다. 언어 교사는 어떤 학습자가 말하거나 쓴 자료를 통해 그 학습자에 대해 유추한다. 수준은 초급인지 고급인지, 어느 언어권에서 왔는지, 학습자가 특히 어려워하는 것은 무엇인지를 짐작한다. 왜 이러한 현상이 나타났는지, 제시해야 할 교육 방향은 무엇인지를 생각해 본다. 그럼에도 불구하고 학습자는 끊임없이 새로운 다른 문제에 부딪히고 극복해 나가면서 언어 교사에게도 많은 숙제를 안긴다.

학습자의 중간언어를 분석할 때 명심할 점은, 맞고 틀리는 것을 평가하는 데에 초점을 두지 않고 학습자가 어떤 의도로 이 단어와 문장을 썼는지를 알고자 노력해야 한다는 것이다. 이를 통해 학습자가 모르거나 혼동하고 있는 것이 무엇인지 파악하고 학습자의 중간언어가 그다음 단계로 나아갈 수 있도록 유도한다. 다음은 한국어의 발음, 문법, 어휘, 문맥 등에서 나타나는 중간언어의 몇 가지 예다.

- 저는 불고기가 좋아해요.
  ➡ 저는 불고기를 좋아해요.

- 김치가 매워습니다.
  ➡ 김치가 맵습니다.

- 저에게는 한국 친구가 이 사람 있어요.
  ➡ 저에게는 한국 친구가 두 사람(두 명) 있어요.

• 돈이 없기 때문에 매일 외식 수 없습니다.
  ➡ 돈이 없기 때문에 매일 <u>외식할</u> 수 없습니다.

• 민수 씨는 <u>결혼하고 있어요</u>?
  ➡ 민수 씨는 <u>결혼했어요</u>?

• 주말에 좋은<u>떼를</u> 가고 싶습니다.
  ➡ 주말에 좋은 <u>데(곳)에</u> 가고 싶습니다.

• 매일 수업에서 배운 내용을 <u>복수해야</u> 해요.
  ➡ 매일 수업에서 배운 내용을 <u>복습</u>해야 해요.

• <u>전다한</u> 운동이 건강에 좋습니다.
  ➡ <u>적당한</u> 운동이 건강에 좋습니다.

• 어제는 처음으로 한옥에서 <u>목었습니다</u>. 참 편했습니다.
  ➡ 어제는 처음으로 한옥에서 <u>묵었습니다</u>. 참 편했습니다.

• 여행할 때 먼저 <u>자기 지갑과 상담해야 해요</u>.
  ➡ 여행할 때 먼저 <u>예산을(자신의 재정 상황을) 생각해 보아야 해요</u>.

한국어 학습자의 '중간언어'에 대해 더 상세히 살펴보려면 다음의 논저를 참고할 수 있다.

김재욱(2005), 한국어 학습자의 시제표현 문법형태의 용법별 중간언어 연구, 언어과 학연구 32, 89-108쪽.

김정은(2003), 한국어교육에서의 중간언어와 오류 분석, 한국어 교육 14-1, 29-50쪽.

손희연(2011), 중간언어 대화에 나타나는 '-었-' 사용 실태 연구: 결혼이주여성 관련 방송의 대화 자료를 중심으로, 담화와 인지 18-1, 41-62쪽.

이해영(2005), 한국어 학습자의 중간언어 연구, 커뮤니케이션북스.

✓ 새로운 언어의 입력 및 출력의 과정에서 나타나는 다양한 언어 체계를 '중간언어(interlanguage)'라 한다.

✓ '중간언어'는 불완전한 언어 체계이지만 창조적이고 논리적이며 끊임없이 발달해 간다.

✓ 언어 교사는 중간언어에 담긴 단서를 통해 학습자를 이해하고 적절한 교육적 처방을 해야 한다.

 다음 중 맞다고 생각하는 것에 ✓표시를 해 보세요.

☐ 누구나 외국어에 대한 '지식'만 있으면 외국어를 유창하게 할 수 있다.

   ➡ 틀려요. 언어를 이해하는 능력과 수행하는 능력은 같다고 볼 수 없습니다.

☑ 외국어를 배우는 과정에서 다양하고 불완전한 언어 체계가 나타나기 마련이다.

   ➡ 맞아요. 이것을 중간언어라고 합니다.

☑ 외국어 교사는 학습자의 말에 늘 주의를 기울이고 세심하게 관찰할 필요가 있다.

   ➡ 맞아요. 학습자의 중간언어는 현재의 수준을 보여 주며, 앞으로 나아가야 할 방향에 대한 교육적 단서도 제공합니다.

# 제3부

# 한국어 교실,
# 어떤 일이 일어날까

# ⑪ 내가 모르는 걸 물으면 어떡해

학생들의 갑작스러운 질문에 대처하는 방법

초보 교사 B씨. 수업이 무사히 지나가기만을 바라며 긴장된 하루하루를 보내고 있는데, 오늘은 학생에게서 갑작스러운 질문을 받았다.

"선생님, '사용하다'와 '이용하다'의 차이가 뭐예요?"

갑자기 머릿속이 하얘지면서 아무 생각이 나지 않아 시간을 벌기 위해 칠판에 한 단어씩 적으며 두 단어의 차이를 생각해 본다. 정확하게 대답해 줄 자신은 없는데 솔직히 모른다고 해야 할지, 대충 얼버무려야 할지 모르겠다.

다음 중 맞다고 생각하는 것을 찾아보세요.

☐ 학생의 질문에는 모두 대답을 해 주어야 한다.

☐ 앞으로 배울 내용에 대해서 질문을 하면 그 내용을 미리 가르쳐 주는 것이 좋다.

☐ 한 명의 학생이라도 모르는 것이 있으면 반 학생 전체에게 설명을 해 준다.

☐ 질문에 대한 정확한 답을 모를 때에는 솔직히 모른다고 하고 다음에 설명해 준다.

## 🏛 교사에게 너무나 당황스러운 질문

한국어를 가르치기 시작한 지 세 달쯤 되었을 때의 일이다. 1급 학생들을 가르치기에도 벅차던 시기였는데, 개인적인 사정으로 갑자기 수업을 못 하게 된 다른 교사로부터 부탁을 받고 4급 수업을 하게 되었다. 졸지에 대강 (대리 강의)을 맡은 것이다. 우스갯소리로 '대강'은 '대강' 하는 것이라고는 하지만, 사전 준비가 충분하지 않았던 터라 긴장을 달래며 일단은 교안대로 열심히 수업을 진행했다.

한국 거주 5년차로 미군 부대에서 근무하는 한 학생이 갑자기 손을 들고 질문을 했다. "선생님, '사용하다'와 '이용하다'의 차이가 뭐예요?" "'신뢰', '신임', '신용'의 뜻은 어떻게 달라요?" 순간 머리가 하얘지면서 등에 땀이 쫙 흐르는 것을 느꼈다. 예전에 선배들에게서 들은 조언을 떠올리면서 시간을 벌기 위해 칠판에다 천천히 '사용하다, 이용하다'와 '신뢰, 신임, 신용'이라는 단어를 각각 적었다. 그리고 엄청난 속도로 두뇌 회전을 한 끝에 가까스로 질문에 대한 답을 마무리했다. 그때 느꼈던 긴장감과 당황스러움은 지금도 생생하게 기억에 남아 있다.

## 🏛 학습자의 질문은 반가운 것

학습자의 질문은 여러 측면에서 중요한 의미를 지니고 있다. 질문은 학습자가 수업에 대해 관심이 있음을 보여 준다. 수업 시간 내내 단 한 번도 질문이 없을 경우는 보통 학습자들이 수업 내용을 제대로 이해하지 못하고 있거나 다른 생각을 하고 있을 가능성이 높다. 수업에 관심이 있는 학습자들의 경우 적극적으로 질문을 하는 경향이 있다.

질문은 학생들이 알고 있는 것과 모르는 것을 보여 준다. 질문의 수준은 곧 학습자의 수준이다. 질문은 보통 자신이 알고 있는 것을 바탕으로 해서 다음 단계에 대한 의문점을 표현하는 경우가 많기 때문에 질문을 통해 학습자가 이해한 내용과 이해하지 못한 내용을 알 수 있다.

질문의 또 다른 기능은 질문을 던진 사람뿐만 아니라 옆에서 함께 듣고 있는 이들에게도 농시에 교육적인 효과를 준다는 점이다. 그렇기 때문에 교사는 학습자의 질문을 부담스럽게 여기지 말고 반기며 긍정적인 피드백을 제공하면서 학생들이 자유롭게 질문할 수 있는 분위기를 조성하는 것이 좋다.

다만, 교육적 효과를 높이기 위해 질문에도 교사의 관리가 필요하다. 지나친 질문은 수업의 진행이나 흐름에 방해가 되기도 하고 수업 방향을 혼란스럽게 만들 수 있다. 한두 명의 집중적인 질문은 다른 학습자들이 배울 기회를 빼앗기도 한다. 그렇기 때문에 교사는 질문을 받았을 때 수업에 도움이 되는 것인지 아니면 지장을 주는 것인지, 지금 당장 대답이 필요한 것인지 아니면 다음에 설명해도 되는 것인지, 개별적으로 알려 주면 되는 것인지 아니면 전체적으로 대답을 하는 것이 좋을지를 판단해서 적절하게 대처해야 한다.

## 🏛 수업과 관계없는 질문일 때

가끔 학습자들이 "선생님은 몇 살이에요?", "집은 어디에요?", "가방을 싸게 파는 곳이 있어요?" 등 수업과 전혀 관계없는 질문을 하는 경우가 있다. 이때에는 수업의 전체적인 흐름을 깨뜨릴 수 있기 때문에 쉬는 시간에 따로 대답을 해 주겠다고 하는 것이 좋다. 지나치게 개인적인 질문에는 대답하지 않고 웃으며 넘어가도 된다.

## 🏠 수업과 관계있는 질문일 때

### ■ 이미 배운 내용에 대한 질문일 때

앞에서 배운 내용에 대한 질문이거나 이전 단계에서 배운 내용에 대한 질문일 때는, 우선 학생들이 현재 어느 정도로 알고 있는지를 확인해야 한다. 학생들 대부분이 모르거나 다시 확인하고 싶은 내용임과 동시에 중요한 것이라면 시간을 할애해서 다시 정리해 줄 필요가 있다. 예를 들면, 고급 단계가 되었는데도 초급에서 배운 '이/가'나 '은/는'의 사용법을 잘 모르고 있고 학생 대부분이 정리해 달라고 요청을 하면 시간을 들여서라도 알려 줄 필요가 있다. 반면 배운 지 얼마 되지 않은 데다가 대다수의 학생들이 알고 있는 것을 한두 명의 학생만 기억하지 못하고 있어서 질문한 거라면 교과서를 찾아보라고 하거나 수업 후 개별적으로 대답해 주는 것이 다른 학생들에 대한 배려 차원에서 좋겠다. 그 밖에 이미 배운 내용에 대해 궁금한 것이 있으면 따로 메모를 해서 교사에게 질문을 하게 하는 방법도 있다.

### ■ 앞으로 배울 내용에 대한 질문일 때

때로는 한국 사람들에게서 듣거나 텔레비전에서 보고 와서 학습자의 현재 수준을 넘어서는 질문을 하거나 다음에 배우게 될 내용에 대해서 미리 질문을 하는 학생도 있다. 그런 질문에 일일이 설명을 하다 보면 현재의 내용도 소화하지 못하고 있는 다른 학생들의 머리를 더 복잡하게 만든다. 이런 경우에는 다음에 나오니 조금만 기다리라고 하거나 교과서의 해당 쪽수를 알려 주면서 그 부분을 참고하라고 말해 주면 된다.

## 준비되지 않은 질문을 받을 때

학생들은 가끔 교사가 한 번도 생각해 보지 못한 질문을 하기도 한다. 그럴 때는 '정말 좋은 질문'이라고 먼저 칭찬을 해 준 후, 질문에 대한 내용을 짧은 시간 동안 순발력 있게 정리해서 대답을 한다.

한 번도 생각해 본 적이 없는 질문을 받았을 때는 일단 시간을 버는 것이 중요하다. 현장 경험이 많은 선배들의 조언에 따르면, 질문을 받으면 정리하고 대답할 시간을 확보하기 위해 질문 내용을 칠판에 쓰라고 한다. 최대한 천천히 쓰면서 떠오르는 생각을 최대한 정리한 후에 답을 해 주는 것이 좋다.

만약 단어나 문법에 대해 바로 답해 주어야 한다면 단어의 정의나 문법의 기본 의미보다는 어떤 상황에서 이러한 표현을 사용하는지를 중심으로 말해 주는 것이 안전하다. 예를 들어 '이용하다'와 '사용하다'의 차이를 묻는 질문에 "'이용하다'는 엘리베이터나 인터넷 등 큰 시설이나 서비스를 쓰는 것이고, '사용하다'는 연필이나 숟가락 등 작은 물건을 쓰는 행동입니다."라고 말해 줄 수 있다. 또한 '신뢰, 신용, 신임'에 대한 대답을 할 때, "'신용'은 신용카드에서 쓰이듯 돈 관계에 대한 믿음이고, '신임'은 사장님이 사원을 신임해서 중요한 일을 맡긴다고 할 때 쓰듯 일을 잘 처리할 거라는 믿음입니다. 그리고 '신뢰'는 인간관계에서 서로의 인격을 믿는 믿음입니다."라는 정도로 설명을 하면 된다.

교사 스스로 느끼기에 답변이 충분하지 못했거나 대답할 자신이 없다면 확인해 보고 다시 알려 주겠다고 하면 된다. 그리고 다음 시간에는 반드시 질문한 것에 대해 짚고 넘어가야 한다. 대답해 주겠다고 약속한 뒤 무심코 그냥 지나가는 경우가 있는데 그러면 학생들에게서 '신뢰'를 잃게 된다.

##  교사가 잘못 대답을 했을 때

"자장면이 맞나요, 짜장면이 맞나요?"라는 학생의 질문에 자장면만 맞는 표현이라고 대답하고 돌아와서 자료를 찾아봤더니 짜장면과 자장면 모두 표준어임을 알게 되었다면 어떻게 하겠는가? 첫 번째 선택은 아무 말도 하지 않고 넘어가는 것, 두 번째 선택은 다음 시간에 가서 다시 정정해 주는 것일 것이다.

중요하지 않은 문제라면 그냥 넘어갈 수도 있겠지만, 더 좋은 선택은 학생들에게 보다 자세한 설명을 제공하고 바른 답을 가르쳐 주는 것이다. '지난 시간에는 순간적으로 착각을 해서 잘못 가르쳐 주었으니 미안하고, 바른 설명은 다음과 같다.'는 식으로 정정해 주는 것이 좋다.

예를 들면 다음과 같이 이야기할 수 있다.

"원래 자장면은 중국어의 작장면(炸醬面)에서 유래된 외래어인데 「외래어표기법」에는 '된소리 발음은 표기하지 않는다.'라는 규정이 있어서 '짜장면'은 인정하지 않았어요. 그런데 사람들이 대부분 '짜장면'을 사용하고 있어서 2011년 8월 31일부터 '자장면'과 '짜장면'이 복수 표준어로 인정되어 둘 다 써도 돼요."

노련한 교사가 되는 것도 중요하지만, 그보다 더 중요한 건 솔직하고 성실한 교사가 되는 것임을 잊지 말자.

## 🏠 서로를 키우는 질문

좋은 질문은 학생의 지적인 능력을 키울 뿐만 아니라 교사에게도 발전의 기회가 된다. 학생의 질문을 통해서 교사는 한국어와 문화에 대해 더 많이 연구하게 된다. 교사는 학생들의 질문을 두려워하지 말고 학생들이 보다 적극적으로 질문에 동참하도록 유도해야 한다.

누구든 준비되지 않은 내용에 대해서 갑작스러운 질문을 받게 되면 당황하게 마련이다. 그러나 그때에도 교사가 알고 있는 것을 침착하게 정리해서 알려 주고, 모르는 것은 솔직히 인정하자. 끊임없이 노력하고 공부하는 교사라면, 학생들의 질문에 즉각적으로 충분한 설명을 하지 못했다고 해서 학습자가 그 교사에게 실망하거나 교사를 얕보는 일은 일어나지 않을 것이다.

한국어 어휘, 문법, 맞춤법 등에 대한 질문을 받았을 때는 다음의 사이트나 자료를 통해 도움을 받을 수 있다.

- 맞춤법, 어휘 관련 정보 확인

  표준국어대사전 http://stdweb2.korean.go.kr
- 간단한 맞춤법, 어휘, 문법 확인

  국립국어원 가나다 전화(1599-9979)
- 개별 문법에 대한 의미와 구체적인 용례

  외국인을 위한 한국어 문법1, 2 (국립국어원, 2005)

✓ 질문을 통해 학습자의 수준을 확인할 수 있다.

✓ 질문의 기회는 자유롭게 제공하되 수업의 흐름을 끊지 않는 범위에서 허용해야 한다.

✓ 교사가 모르거나 잘못 대답한 것은 다시 알아보고 다음 시간에 꼭 알려 주어야 한다.

 생각해 보기 확인!

다음 중 맞다고 생각하는 것을 찾아보세요.

☐ 학생의 질문에는 모두 대답을 해 주어야 한다.

➡ 틀려요. 수업과 관계없거나 지나치게 개인적인 질문에 대해서는 대답하지 않아도 됩니다.

☐ 앞으로 배울 내용에 대해서 질문을 하면 그 내용을 미리 가르쳐 주는 것이 좋다.

➡ 틀려요. 학생들에게 다음에 배울 때까지 조금 기다리라고 하는 것이 좋습니다.

☐ 한 명의 학생이라도 모르는 것이 있으면 반 학생 전체에게 설명을 해 준다.

➡ 틀려요. 수업에 방해가 될 수 있으니 나중에 개별적으로 대답해 주세요.

☑ 질문에 대한 정확한 답을 모를 때에는 솔직히 모른다고 하고 다음에 설명해 준다.

➡ 맞아요. 학생들에게 잘못된 정보를 주는 것보다는 늦어도 정확하게 가르쳐 주는 것이 좋습니다.

## 12 끼리끼리 모이면 좋을까, 나쁠까

학생의 언어, 수준을 고려하여 반을 나누라

초보 교사 A씨, 한국어 자원봉사를 위해 외국인 근로자 센터의 한국어 교실을 찾았다. 가 보니 20명 정도의 성인들이 모여 있었는데, 국적도 다양하고 한국어 실력도 천차만별이어서 어떻게 분반을 하면 좋을지 모르겠다. 같은 국적끼리 모아야 할까? 한국어 수준이 비슷한 사람끼리 모아야 할까? 나이가 비슷한 사람끼리 모아야 할까? 아니면 여러 조건을 절충해서 분반을 해야 할까 고민이다.

생각해 보기

교실 분반에 대해서 맞다고 생각하는 것을 찾아보세요.

☐ 같은 국적의 학생들끼리 모으는 것이 좋다.

☐ 여러 국적의 학생을 섞어 놓는 것이 좋다.

☐ 한국어 수준이 비슷한 학생들끼리 모으는 것이 좋다.

☐ 한국어 수준이 다른 학생들을 함께 모아 놓는 것이 좋다.

## 🏠 수업 분위기의 비밀

수업 분위기는 예측이 어렵다. 유난히 재미있는 학생들이 모여 있는 것도 아닌데 의외로 서로 성격이 잘 맞아서 한 학기 내내 즐겁게 공부할 때가 있는가 하면, 정말 공부를 잘하고 성실한 학생들로만 가득 차 있는데도 왠지 모르게 서로에게 무관심하고 친밀감이 형성되지 않아서 교사로서도 동기부여가 잘 되지 않을 때도 있다.

수업의 분위기를 좌우하는 것이 도대체 무엇일까 궁금해하던 어느 날, 한 학생이 결석을 했는데 분위기가 여느 때와 달리 썰렁하고 수업 진행이 매끄럽지 않았던 적이 있다. 반면 어떤 학생이 결석을 한 날 공교롭게도 다른 학생들이 더 열심히 수업에 참여하게 되어 평소보다 수업 분위기가 훨씬 좋아진 일도 있다.

이처럼 수업 분위기는 학생 구성원들의 전반적인 성향이나 유대관계에 따라 달라지며, 심지어 학생 한 명이 전체 수업 분위기를 좌우하기도 한다. 따라서 교사들은 학생들을 어떻게 모으고 나눌지를 늘 신중하게 고민하게 된다.


## 🏠 학생들을 언어권별로 모은다면

동일한 언어권의 학생들이 같은 반에 모여 있으면 편리한 점이 몇 가지 있다. 특히 교사가 그 학생들의 언어에 대한 지식이 있는 경우라면 수업 운용에 더욱 도움이 된다. 예를 들어 학생들이 어려워하는 단어를 그들의 모국어로 간단히 번역해 주거나 새로운 문법이 나올 때 학생들의 모국어와 한국어의 문법을 비교해 가면서 설명해 준다면 이보다 더 정확하고 편리하게 한

국어를 배우는 방법이 있겠는가? 만약 교사가 학습자의 언어에 대해서 모른다고 해도 학생들 중에 수업 내용을 빨리 이해한 학생이 이해가 느린 학생에게 모국어로 설명을 해 주는 상황이 자연스럽게 조성될 수 있다. 뿐만 아니라 수업 외의 한국 생활이나 문화와 관련된 정보들도 쉽게 공유할 수 있으니 같은 언어권의 학습자가 모여 있는 수업은 나름대로 장점도 많다.

그런데 왜 몇몇 학생들은 같은 언어권의 학생이 없는 반으로 가게 해 달라고 부탁을 하는 것일까?

같은 언어권의 학생들이 모이면 언어 학습에 도움이 되지 않는 측면도 생기기 때문이다. 예를 들면, 한국어보다는 모국어로 말할 기회가 더 많아지고, 모르는 한국어를 알아내려고 고민할 필요도 없이 모국어로 쉽게 도움을 받을 수 있으므로 한국어에 대한 감각을 키우거나 도전할 필요성을 느끼지 못하게 된다. 또한 한국에 온 학생들은 한국과 한국어뿐만 아니라 다른 문화에 대한 관심도 많아 여러 나라의 친구들과 교류하고 싶은 욕구가 있는데, 같은 언어권 학생끼리 모인 반에서는 그러한 욕구를 충족시켜 주지 못한다. 즉, 교실 환경이 고국과 같은 상황이 되어 버리면 새로운 문화에 대해 접촉할 기회가 사라져 답답함을 느끼기도 하는 것이다.

## 🏛 학생들을 수준별로 모은다면

교육적인 효과를 생각했을 때 학생들을 수준별로 모으는 것은 매우 중요하다. 학생들의 수준이 비슷한 수업에서는 학생들이 이미 알고 있는 것은 빨리 넘어가고, 모르는 부분은 자세히 설명을 하면서 수준에 맞게 지도할 수가 있다.

반면, 서로 수준이 다른 학생이 모여 있으면, 대부분의 학생이 알고 있는 것을 한두 학생을 위해서 오랫동안 설명을 해 주어야 해서 다른 학생들이 지겨워할 수도 있다. 또한 새로운 내용에 대해 관심을 가지는 학생들을 위해서 상대적으로 어려운 활동을 하다 보면 수준이 낮은 학생들에게는 부담만 가중시키게 된다. 따라서 기본적으로는 학생들의 수준별로 모으는 것이 좋다.

다만, 학생들의 성향에 따라서는 도전을 즐겨 자신의 수준보다 더 높은 반에서 공부를 하고 싶어 하는 경우도 있고, 자신보다 월등한 학생들과 있으면 부담을 느끼기 때문에 상대적으로 수준이 낮은 반에서 공부하고 싶어 하는 경우도 있다. 이럴 때에는 학생들의 성향을 고려하여 상황에 맞게 반을 조정할 수 있다.

## 🏛 학생들을 나이별로 모은다면

한국어를 배우는 학생들의 연령은 어린아이부터 나이가 드신 어르신에 이르기까지 다양하다. 일반적으로 외국에 있는 한글 학교에는 어린아이나 초·중·고등학교 학생 중심으로 모이게 되고, 대학 기관에는 대학 입학을 준비하는 학생들에서부터 연세가 많으신 분까지 일반인들 중심으로 모이

게 된다.

사실 언어를 배울 때 같은 교실에서 배우는 학생들의 나이는 특별히 문제가 되지 않는 것처럼 보인다. 아이들도 한글부터 시작해서 읽고 쓰기를 시작해야 하고 어른들도 기초 단계에서는 같은 과정을 거쳐야 하기 때문이다. 그렇지만 교실에서 언어를 배우는 과정에서 활용하는 활동이나 과제, 교재 등은 학생들의 나이나 지적 수준에 따라 달라질 수 있기 때문에 나이와 학습 단계를 고려해서 반을 꾸리는 것이 좋다.

예를 들어, 똑같은 한글 자모를 배우더라도 아이들은 뛰어다니면서 같은 글자를 찾거나 노래로 배우는 등 다양한 놀이를 통해서 익히도록 할 수 있는 반면, 성인 학습자에게는 그런 활동이 유치하게 느껴질 수 있다. 또한 고급 수준의 경우, 성인 학습자들은 신문 기사를 읽거나 다양한 주제에 대해 토론을 하는 등의 활동이 가능한 반면, 어린 학습자들은 지적인 수준이 발달하지 못했기 때문에 아무리 한국어를 잘 듣고 말을 잘한다고 해도 사회적인 문제에 대한 토론이나 발표 등은 무리일 수밖에 없다. 따라서 전체 학생 수가 적다면 한 교실에서 모든 연령층이 함께 공부하게 되겠지만, 가급적이면 연령을 고려해서 배치하는 것이 더 바람직하다.

## 🏛 학생들을 학습 동기별로 모은다면

전체 학생 수가 몇십, 몇백 명이나 되는 경우가 아니라면 앞서 제시한 모든 상황을 고려해서 반편성을 하는 것은 어렵다. 그럴 때는 한국어를 배우는 목적에 따라 분반하는 방법도 생각해 볼 수 있다.

일상적인 한국 생활을 위해서 한국어를 배우는 학생들은 관계가 없지만, 번역이나 통역, 대학 진학, 혹은 사업 등의 특별한 목적으로 한국어를 배우고 싶어 하는 학생들에게는 그들의 목적이나 학습 동기에 따른 특별한 어휘와 과제 활동을 제시해 주어야 하기 때문이다. 이를 위해서는 별도의 반을 개설해서 소수정예로라도 전문화된 수업을 진행하는 것이 언어 학습에 도움이 될 것이다.

## 🏛 그 밖에 고려할 점

학습자의 언어, 수준 이외에도 분반을 할 때에는 내성적인 학생과 외향적인 학생들, 남녀의 비율, 취미 등 다양한 요인을 고려할 수 있다. 물론 대부분의 한국어 교실은 이처럼 많은 조건을 따져서 나눌 정도로 학생 수가 많은 것이 아니기 때문에 소규모 수업의 경우는 교사의 판단에 따라 조정을 할 수밖에 없다.

필자가 자원봉사로 나가고 있는 이태원 지역에서는 파키스탄에서 온 어머니와 세 자녀가 함께 수업을 하고 있다. 어머니는 아직 한글도 떼지 못했고, 초등학생인 세 자녀는 겨우 읽고 쓸 수는 있는 정도다. 이렇게 나이와 수준에서 차이가 있어도 교사와 공간, 교재 등이 부족한 상황에서는 같은 교실에서 한국어를 배울 수밖에 없다. 엄마가 받아쓰기를 하면 아이들은 옆에서 힌트를 주기도 하고, 아이들이 동화책을 읽는 동안 엄마는 한글을 베껴 쓰는 등 같은 시공간에서 다른 수준의 수업을 해야 할 때도 있다.

한국어 교사는 주어진 상황에서 학생들의 수준, 국적, 나이 등을 최대한 고려하여 맞춤형 지도를 병행해야 한다. 어떠한 상황에서든 최선의 노력으로 양질의 수업을 제공하려고 노력하는 것이 언어 교사의 본분이다.

---

### 한 걸음 더

한국어 교실의 운영 방법이나 배치고사에 관해서 더 알고 싶다면 다음의 논저를 참고할 수 있다.

이동은(2009), 한국어 교실 운영에서의 학습자 요인, 국제한국어교육학회 국제학술 발표논문집, 국제한국어교육학회, 355-363쪽.

이영숙(2004), 교실 환경 요인과 교사, 학습자 상호 협력을 통한 교실 운영 전략, 외국어로서의 한국어교육 29, 연세대학교 언어연구교육원 한국어학당, 181-202쪽

조항록 외(2002), 한국어 배치고사 개발 사례 연구-연세대학교 한국어학당의 배치고사를 중심으로-, 외국어로서의 한국어교육 27, 연세대학교 언어연구교육원 한국어학당, 417-493쪽.

✓ 학생들의 수준에 따라 반을 나누는 것이 좋다.

✓ 같은 언어권별로 모으는 것이 항상 좋은 것은 아니다.

✓ 가급적 나이에 따라 모으는 것이 좋다.

✓ 특별한 한국어 능력이 요구되는 학생들은 따로
모아서 가르치도록 한다.

 생각해 보기 확인

교실 분반에 대해서 맞다고 생각하는 것을 찾아보세요.

☑ 같은 국적의 학생들끼리 모으는 것이 좋다.

☑ 여러 국적의 학생을 섞어 놓는 것이 좋다.

➡ 둘 다 장단점이 있습니다. 같은 국적의 학생을 모으면 설명이 편하
지만 자기 나라 말만 쓰려고 해서 한국어 공부에 방해가 될 때가 있
고, 여러 국적의 학생을 모으면 서로 의사소통에 어려움이 있지만 한
국어로만 말을 해야 하기 때문에 한국어 실력이 빨리 늘 수 있습니다.

☑ 한국어 수준이 비슷한 학생들끼리 모으는 것이 좋다.

☐ 한국어 수준이 다른 학생들을 함께 모아 놓는 것이 좋다.

➡ 한국어 수준이 비슷한 학생들을 모으는 것이 수업 계획과 진행 모
두에 도움이 됩니다.

# 13 수업의 시나리오
수업이라는 무대에서 교안이 없다면

● 한국어교원양성과정에 다니는 A씨. 오늘 과제는 교안 작성이다. 그런데 교안에 무엇을 써야 할지 아직 잘 모르겠다.

● 한국어교육능력검정시험을 준비 중인 G씨. 필기 시험은 자신 있지만 한국어교육능력검정시험의 2교시 주관식 문항인 교안 작성이 걱정이다.

● 한국어 신입 교사 J씨. 교안을 작성해서 급별 회의를 하고 학교에도 제출해야 한다. 수업 준비도 정신없는데 교안까지 작성하려니 부담이 이만저만이 아니다.

생각해 보기

다음 중 맞다고 생각하는 것에 ✔ 표시를 해 보세요.

☐ 교안은 수업 후에 작성하는 것이다.

☐ 초보 교사보다 경력 교사에게 교안이 더 필요하다.

☐ 한국어교육능력검정시험에는 교안 작성 실습이 포함되어 있다.

## 🏛 수업의 시나리오, 교안

수업의 3요소로 학습자, 교수자, 교재가 손꼽힌다. 수업을 공연에 비유한다면, 수업의 주체인 '학습자'와 '교수자'는 주인공이고 '교재'는 공연의 중요한 소품이다.

수업의 3요소가 제 기능과 역할을 다하기 위해 꼭 필요한 것이 있다. 바로 치밀하게 계획된 '교안'이다. 교안은 효율적인 수업을 위해 실제 수업을 예측하여 수업에서 이루어지는 모든 활동과 내용 등을 종합적으로 기술한 계획안이다. 다른 말로 '학습지도안', '수업지도안'으로도 불린다. 교안은 건물의 '설계도'이자, 공연의 '시나리오'라 할 수 있다.

시나리오 없이 공연을 올릴 수 없는 것처럼 언어 수업에서도 교안이 필수적이다. 특히 초보 교사일수록, 가르쳐야 할 내용과 방법이 교수자에게 익숙하지 않을수록, 교수자가 학습자들의 배경정보를 확보하지 않은 시점일수록 교안은 꼭 필요하다. 배우가 관객의 모습과 반응을 상상하며 공연을 연습하듯이, 언어 교사도 학습자의 수준, 수업 상황을 종합적으로 고려하면서 교안을 작성해야 한다.

교안을 작성하는 것은 교수자이며, 실제 수업을 이끌어 가는 것도 교수자다. 시나리오를 쓴 작가가 직접 무대에 올라야 하는 셈이다. 뿐만 아니라 수업이라는 무대에서 벌어지는 돌발 상황에 대해서도 유연하게 대처할 수 있을 만큼 치밀한 사전 준비가 필요하다. 교수자는 시나리오 작가, 배우, 감독의 1인 3역 이상을 맡는다고 해도 과언이 아니다.

수업의 또 다른 주인공이자 관객은 학습자다. 따라서 교안을 작성할 때는 교수자가 일방적으로 전달할 내용만을 담는 것이 아니라 수업 상황에서 학습자의 역할과 반응 등을 반영하게 된다. 교수자가 학습자의 참여를 어떻게 이끌어 내고 학습사가 그것을 어떻게 받아들이며 내재화할 수 있는지를 종합적으로 구상하는 것이다.

## 교안의 내용과 장점

교안은 일정한 수업 시간과 수업 내용을 전제로 작성한다. 특정 문법 항목이나 어휘, 문화 교육을 전제로 하는 교안도 있고, 교재의 한 단원 전체를 염두에 두고 그 흐름을 반영한 교안도 있다. 필요에 따라 효율성을 고려하여 교안을 유동적으로 작성할 수 있다.

교안을 보면 그 날의 전체 수업 흐름을 알 수 있다. 수업의 도입과 본 수업, 그리고 마무리까지 어떻게 진행되는지를 파악할 수 있다. 또한 '전시 학습-본시 학습-차시 학습'의 윤곽도 드러난다. 이전 수업에서 배운 것 중에 어떤 내용이 이번 수업 내용과 연관되는지, 이번 수업이 다음에 배울 내용에 어떻게 연결되는지를 한눈에 볼 수 있다.

교안 작성이 교수 · 학습에 미치는 긍정적인 영향을 정리해 보면 다음과 같다.

- 수업의 질과 학습자의 만족도를 높일 수 있다.
- 학습자의 수준에 맞는 수업의 양과 방법을 예측하고 조절할 수 있다.
- 수업 상황을 예측하여 그에 필요한 자료와 교구를 사전에 준비할 수 있다.
- 본 수업의 내용에 적합한 과제와 활동을 부여할 수 있다.
- 한 학기 전체 교수요목의 연장선상에서 본 수업이 적절하게 이루어지도록 돕는다.
- 이전에 배운 내용(전시 학습), 본 수업에서 배우는 내용(본시 학습), 다음 수업에서 배울 내용(차시 학습)의 연계가 자연스럽게 이루어질 수 있다.
- 교안에 따른 본시 수업의 진행 결과를 다음 교안 작성에 반영하여 수업의 질을 높일 수 있다.

## 교안에 들어갈 내용

  연극 무대를 위한 대본이나 영화의 시나리오에 들어갈 내용을 상상해 보자. 주인공의 대사와 행동에 대한 지문, 그리고 소품 및 무대 배경 등이 있을 것이다. 무대 위의 상황과 무대 위에서 연극 배우가 말하고 행동해야 할 하나하나의 지침도 대본에 들어가게 될 것이다. 교안도 마찬가지라고 생각하면 쉽다.

  그렇다면 교안에는 어떤 내용이 반영되어야 할까? 우선 어떤 목표를 가지고 누가, 누구에게, 어떤 내용을, 어떻게, 얼마나, 어떤 순서로, 몇 시간(분) 동안 가르칠 것인가에 대한 것이 포함된다. 더불어 수업의 준비 사항과 지도 시 유의할 점 등이 구체적으로 기술된다.

교안에 들어가게 될 항목들을 간략하게 정리하면 다음과 같다.

- 본 수업에서 공부해야 할 단원명 및 쪽수
- 본 수업을 통해서 기대하는 활동이나 목표
- 본 수업에서 가르치게 될 어휘와 문법 항목의 범위와 순서
- 어휘 제시 방법, 문법 연습 방법 등 구체적인 교수 방법 및 유의점
- 교사가 교수 과정에서 사용하게 될 교사말이나 그에 따른 학생의 반응(초보 교사일수록 더 상세히, 노련한 교사일수록 간략하게 기술)
- 교실 상황과 시설 등을 현실적으로 고려하여 준비
- 각 활동에 소요되는 예상 시간

## 단계별 교안 구성

교안의 형식이 고정되어 있는 것은 아니지만 '도입-제시-연습-활용-마무리'와 같은 수업의 흐름에 따르는 것이 일반적이다. 시간적 순서에 따라 교안을 작성함으로써 머릿속으로 수업의 진행 상황을 그려 볼 수 있다.

■ 도입

> • 교수자의 확인 질문과 답, 학습자들의 자유로운 대화 참여 유도, 간단한 퀴즈 등
> • 배울 내용을 짐작할 수 있도록 관련 화제를 꺼내거나 자료를 제시, 도입 질문, 학습자들의 동기 및 관심 유발

'도입'은 그날 무엇을 배울 것인지에 대해 학습자가 스스로 짐작할 수 있게 하고 수업에 대한 기대감과 호기심을 유발하는 단계다. 너무 장황하거나 긴 시간이 소요되지 않도록 한다. 큰 부담 없이 가볍게 시작하면서 본격적인 수업을 준비할 수 있도록 한다. 도입 단계에서 이전 시간에 배운 내용을 확인할 때 학습자가 전시 학습과 본시 학습의 연계성을 자연스럽게 짐작하도록 유도하는 것이 바람직하다.

■ 제시(또는 전개)

> • 문법, 어휘, 본문 등 단원의 목표에 맞는 주요 내용에 대한 설명 제시

'제시'는 본시 학습에서 배워야 할 내용에 대해 학습자들의 이해를 돕는 단계다. 이 단계에서는 어떤 내용을 어떤 순서로 어떻게 제시할 것인가에 대한 교수자의 세밀한 사전 준비가 필수적이다. 특히 다국적 언어권의 학습자로 구성된 한국어 교실 초급반에서 '한국어'로 수업을 진행하는 상황

이라면, 사진, 그림, 동영상 등의 자료를 충분히 활용하여 수업의 효율을 높이도록 한다. 또한 교수자의 몸짓도 중요한 소통의 도구임을 인식할 필요가 있다.

■ 연습

- '반복하기'에서 '응용하기'로, '기계적인 연습'에서 '유의미한 연습'으로, '간단한 것'에서 '복잡한 것'의 순서로, 본시 학습에서 배운 내용을 내재화할 수 있는 기회 제공
- 주교재의 연습 문제, 워크북에서 사용할 부분을 구체적으로 계획하고 그 순서를 결정, 필요에 따라 교수자가 구성한 부자료 활용

'연습'은 '제시' 단계에서 배운 내용에 대해 학습자가 내재화할 수 있도록 하는 단계다. 주어진 내용을 여러 번 반복하는 기계적인 연습에 그치는 것이 아니라 학습자에게 유의미한 연습이 되는 것으로 나아가도록 한다. 문장 만들기의 예를 들어 보면, 주어진 어휘 중에 적절한 것을 찾아 문장에 채워 넣는 것보다 완결되지 않은 문장을 학습자가 스스로 완성해 보는 것이 더 유의미한 연습이 된다. 실제 수업 시간에 학습자에게 연습 기회를 충분히 제공하기 위해서는 각 연습 유형의 난이도와 소요 시간, 학습자의 흥미와 성향 등을 고려하여 치밀한 계획을 세워 두어야 한다.

■ 활용

> • 역할극, 소그룹 토론, 인터뷰, 발표 등의 말하기 활동
> • 본시 학습에서 다룬 주제, 상황, 기능과 관련한 쓰기 활동

　'활용'은 실전을 위한 최종 단계라 할 수 있다. '도입-제시-연습'의 단계를 거치면서 배우고 이해한 후 어느 정도 연습을 거치면서 익숙해진 내용에 대해, 어떤 상황에서 어떻게 사용할 것인가를 학습자 스스로 구상하고 수행해 본다. 이를테면, '자신의 증상을 설명한 후 약국에서 약 구입하기'와 같은 하나의 구체적인 과제를 수행하는 것이 바로 활용 단계에서 이루어진다. 이를 위해 '도입-제시-연습' 단계에서는 한국어로 증상을 말하고 약을 스스로 살 수 있는 능력이 얼마나 필요한 것인지를 학습자들이 깨달을 수 있도록 하고, 필요한 어휘와 문법을 배웠으며, 문장을 만들어 보는 연습 등을 체계적으로 하는 데에 많은 노력을 기울인 것이다.

■ 마무리

> • 본시 학습 내용 정리
> • 일상생활에서 본시 학습의 내용을 복습하고 스스로 활용해 볼 수 있는 과제(숙제) 부여
> • 사전 준비 사항 공지

'마무리' 단계는 그날 배운 내용이 무엇이었고 어떤 점에서 중요했는지를 최종적으로 확인하고 수업 과제를 제시하는 단계다. 또한 본시 학습에 이어질 차시 학습이 무엇인지를 예고하고, 사전에 필요한 준비가 있다면 알려 준다. 이를테면, "다음 시간에는 각 나라의 명소에 대해서 이야기할 거예요. 각자 자신의 나라 또는 고향의 명소 중에 소개하고 싶은 곳을 생각해 오세요. 그리고 사진이나 그림이 있으면 가지고 오세요."와 같이 아이디어를 가지고 오거나 다음 수업에서 필요한 것을 미리 준비할 수 있도록 유도한다. 이러한 차시 학습 예고는 다음 수업의 본시 학습이 되기 때문에 교안에 반영되어야 한다.

## 🏠 교안과 시범강의

교안이 공연의 시나리오라면 '시범강의(시강)'는 리허설이다. 초보 및 예비 한국어 교사라면 스스로 교안을 작성해 보고 충분한 리허설을 해 보기를 권한다. 혼자서 리허설을 할 때는 동영상을 촬영하여 자가 점검을 해 본다. 동료와 협력하여 할 수 있다면 교사와 학습자 역할을 번갈아 하면서 서로 도움을 준다. 이를 통해 실제 수업이 어떤 방향으로 흐를지를 대략 예측해 볼 수 있게 된다.

시범강의를 직접 해 보면 교안 작성에서 미흡한 부분이 무엇인지를 쉽게 발견할 수 있다. 이것을 잘 반영하여 교안을 수정한다. 또한 실제 수업 진행 후에도 수업 전에 작성한 교안을 보완해 두는 것이 좋다. 그래야 다음 수업을 위한 교안을 작성할 때 이전의 시행착오를 되풀이하지 않고 더 나은 수업을 할 수 있기 때문이다.

수십 년 동안 무대에 선 베테랑 배우들도 연습을 게을리하지 않는다. 베테랑 배우의 장점은 실제 공연에서 예측하지 못한 상황에 대해 유연하고 노련하게 대처할 줄 안다는 것이다. 그러나 실수를 애드리브로 넘길 능력이 없는 초보 배우들은 더욱 피나는 노력을 하는 수밖에 없다. 초보 한국어 교사에게는 교안 작성과 시범강의가 익숙하지 않고 부담스러울 수도 있지만 이것이 좋은 수업을 위한 필수 과정이라는 점을 명심하자. 한국어 수업이라는 멋진 공연을 무대에 올리기 위해서.

**한 걸음 더**

한국어 교안 작성에 대해 더 상세히 알아보려면 다음의 논저를 참고할 수 있다.

김주희 외(2014), 한국어 교사를 위한 중급 교안, 박이정.

장미라(2010), 예비 한국어 교사의 학습지도안 구성에 대한 연구-수업 단계별 교수·학습 활동을 중심으로-, 국어국문학 154, 57-91쪽.

정은화(2015), 한국어교육능력검정시험 교안작성연습, 시대고시기획.

진대연(2009), 한국어 교사의 수업 구성에 대한 연구, 국어교육학연구 34, 429-466쪽.

허용·김선정(1999), 한국어 교재 선택법 및 학습지도안 작성법, 이중언어학 16-1, 101-118쪽.

✔ 교안에는 수업에 대한 전반적인 흐름과 구체적인 계획이 담겨 있다.

✔ 실제 수업은 미리 작성한 교안을 바탕으로 유연하게 운영하라.

✔ 수업 후의 결과 및 보완점을 다음 교안 작성 시에 반영하라.

 다음 중 맞다고 생각하는 것에 ✔ 표시를 해 보세요.

☐ 교안은 수업 후에 작성하는 것이다.

➡ 틀려요. 수업 전에 교육에 대한 구체적인 방안(계획)을 세우는 것이 바로 교안입니다.

☐ 초보 교사보다 경력 교사에게 교안이 더 필요하다.

➡ 틀려요. 경력 교사에게도 교안이 필요하지만 초보 교사에게는 수업의 길잡이가 될 구체적인 교안이 더욱 필수적입니다.

☑ 한국어교육능력검정시험에는 교안 작성 실습이 포함되어 있다.

➡ 맞아요. 한국어교육능력검정시험에는 필기 시험뿐만 아니라 직접 교안을 작성해 보는 실습이 포함되어 있습니다.

| 수준 | 초급(1급) |
|---|---|
| 수업<br>목표 | '과/와'의 의미를 설명하고 이를 사용하여 문장을 구성할 수 있게 한다. |
| 도입 | ■ 질문을 통해서 오늘 배울 문법의 의미를 추측하게 한다.<br>　- 교사 : 교실에 무엇이 있어요?<br>　- 학생1 : 책상하고 의자가 있어요.<br>　- 학생2 : 칠판, 시계, 달력이 있어요.<br>　※ 학생들은 자유롭게 대답하게 한다. |
| 제시 * | ■ 칠판에 문형을 판서한다.<br><br>　　　　[판서]<br>　　　　N　과/와 N<br>　　　　책상　　의자가 있어요.<br>　　　　시계　　달력을 봐요.<br><br>■ 문법의 의미를 설명한다.<br>　- 교사 : 교실에 책상이 있어요. 의자가 있어요. 책상하고 의자가 있어요.<br>　　　　　('책상' 뒤에 '과'를 쓰며) 책상과 의자가 있어요.<br><br>　　　　　시계를 봐요. 달력을 봐요. 시계하고 달력을 봐요.<br>　　　　　('시계' 뒤에 '와'를 쓰며) 시계와 달력을 봐요.<br><br>　　　　　('책상'의 '상' 아래 'ㅇ'에 동그라미 표시를 하며) 받침이 있어요.<br>　　　　　'과'를 써요.<br><br>　　　　　('시계'의 '계' 아래에 받침이 없다는 뜻으로 '×' 표시를 하며)<br>　　　　　받침이 없어요. '와'를 써요. |

---

\* N은 명사(Noun)를 의미한다.

| | |
|---|---|
| | <br>[판서]<br><br>N　과/와 N<br><br>책상<u>과</u>　의자가 있어요.<br>시계<u>와</u>　달력을 봐요.<br>　　×<br><br>- 교사 : '하고'는 말하기(손으로 말하는 행동을 보여 주며)에서 많이 써요.<br>　　　 '과/와'는 '쓰기(손으로 쓰는 행동을 보여 주며)에서 많이 써요. |
| **연습** | ■ 단어카드를 통해서 '과/와'를 선택하는 연습을 하게 한다.<br>　• 1단계: 교실 물건 단어카드 두 장씩을 골라 글자 부분을 보여 주며 '과/와'<br>　　를 선택하게 한다.<br>　　 - 교사 : 교실에 무엇이 있어요?<br>　• 2단계: 교실 물건 단어카드 두 장씩을 골라 그림 부분을 보여 주며 '과/와'<br>　　를 선택하게 한다.<br>　　 - 교사 :교실에 무엇이 있어요?<br><br>　┌─────────────────────────────┐<br>　│ 준비물: 앞에는 그림, 뒤에는 글자가 적힌 단어카드(책상, 의자, 필통, │<br>　│ 교과서, 연필, 지우개, 볼펜, 달력, 칠판, 시계, 창문, 옷걸이 등) │<br>　└─────────────────────────────┘<br><br>■ 다양한 질문을 통해서 '과/와'로 대답하게 한다.<br>　 - 교사 : 무엇을 먹어요?<br>　　　　무엇을 봐요?<br>　　　　무엇을 공부해요?<br>　　　　무엇을 읽어요?<br>　　　　무엇을 써요?<br>　　　　저녁에 무엇을 해요?<br>　　　　교실에 누가 있어요? |
| **활동** | ■ 교실에 있는 물건 이어 말하기 게임을 통해서 '과/와'를 자연스럽게 사용할<br>수 있는 활동을 한다.<br>　 - 게임 방법: 첫 번째 사람이 "교실에 책상이 있어요."라고 하면 다음 사람은<br>　　 "교실에 책상과 의자가 있어요.", 그다음 사람은 "교실에 책상과 의자와 공<br>　　 책이 있어요."라고 대답한다. 이렇게 한 단어씩 붙여 가면서 말하게 하고,<br>　　 '과/와'를 잘못 사용하거나 앞에 나온 단어를 잊어버린 학생은 노래를 부<br>　　 르게 한다. |

〈중급 교안〉 '-던', '-았던/었던'을 활용한 벼룩시장 활동

| 수준 | 중급(3급) |
|---|---|
| 수업 목표 | 지난 시간(또는 지난 차시)에 배운 '-던', '-았던/었던'을 맥락에 맞게 표현하기 |
| 활동 | 1) 자신이 팔고 싶은 물건을 소개하는 글 쓰기<br>2) 자신이 팔 물건에 대해 설명하기 |
| 상황 | 벼룩시장 |
| 학생 준비사항 | 자신이 쓰던 물건 중에서 벼룩시장에서 팔고 싶은 것을 3가지 이상 준비 |
| 교사 준비사항 | - 학생들에게 설명할 때 활용하기 위하여 교사가 팔고 싶은 물건 3가지 준비<br>- 수업 활동에 필요한 부자료<br>- 벼룩시장을 위한 진열대 |
| 선수학습 내용* | V-던 N : 과거 동작의 일상성1<br>　예) 어렸을 때 내가 살던 동네는 작은 시골이었어요.<br>　　　엄마가 자주 불러 주시던 노래가 생각납니다.<br>　　　거기는 제가 학생 때 자주 가던 식당이에요.<br>　　　내가 좋아하던 사람을 어제 길에서 우연히 만났습니다.<br><br>V-았던/었던 N : 과거 동작의 일상성2<br>　예) 어렸을 때 내가 살았던 동네는 작은 시골이었어요.<br>　　　엄마가 자주 불러 주셨던 노래가 생각납니다.<br>　　　거기는 제가 학생 때 자주 갔던 식당이에요.<br>　　　내가 좋아했던 사람을 어제 길에서 우연히 만났습니다.<br><br>V-았던/었던 N : 완료<br>　예) 어제 먹었던 음식 이름이 뭐였지요?<br>　　　지난 학기에 배웠던 것인데 잊어버렸어요.<br>　　　저번 주에 같이 봤던 영화 재미있었어요.<br>　　　그저께 백화점에서 샀던 옷을 다른 것으로 교환했습니다. |

*  V는 동사(Verb), N은 명사(Noun)를 의미한다.

| | | |
|---|---|---|
| 본시<br>학습* | 1. 도입<br>(3~5분) | 1) 선수 학습 내용 복습<br>[T] : 여러분, 지난 시간에 배웠던 표현 기억나세요?<br>(그림 등을 활용하여 간단히 '-던'을 복습, 교사는 의도적으로 지난 시간에 배운 표현을 충분히 사용하여 발화한다)<br><br>2) 본시 학습의 수업 준비 사항 확인<br>[T] : 여러분, 지난 시간에 선생님이 말했던 것 오늘 가지고 왔어요?<br>(학생들이 가지고 온 물건을 서로 확인해 본다)<br><br>3) 본시 학습의 목표 제시<br>[T] : 오늘은 지난 시간에 미리 말한 것처럼 '-았던/었던'과 '-던'을 사용해서 자신의 물건을 소개하고 직접 팔아 보는 시간을 가지려고 합니다. |
| | 2. 제시<br>(10분) | 1) 교사의 모범 사례 제시<br>[T] : 선생님도 오늘 벼룩시장을 위해서 몇 가지 물건을 준비해 왔습니다. 먼저 선생님이 가지고 온 물건을 소개하겠습니다. 잘 듣고 여러분도 어떤 물건을 가지고 왔는지, 그 물건을 왜 팔려고 하는지 소개해 보세요.<br>(물건을 하나씩 먼저 구두로 소개한 후 교사가 미리 써 온 글도 보여 준다. '-던'과 '-았던/었던'이 쓰인 부분을 자연스럽게 강조한다)<br><br>[소개 1]<br><br><br><br>(교사가 조금 작아 보이는 티셔츠를 학생들에게 보여 준다) |

---

\* 'T'는 교사(Teacher), 'S'는 학생(Student)을 의미한다.

이것은 제가 작년에 자주 입었던 옷입니다.
지금은 살이 조금 쪄서 옷이 작습니다.
2,000원에 팔려고 합니다.

[소개 2]

(교사가 가요 CD를 들고 학생들에게 보여 준다)

이것은 제가 삼 년 전에 샀던 한국가요 CD입니다.
혼자 있을 때 들으면 좋은 노래입니다.
요즘은 잘 듣지 않아서 팔려고 합니다.
1,000원에 팔고 싶습니다.

[소개 3]

(교사가 소설책 표지를 학생들에게 보여 준다)

이것은 제가 자주 읽던 책입니다.
다음 달에 이사를 가는데 우리 집에 짐이 너무 많습니다.
갖고 싶은 분이 계시면 그냥 드리겠습니다.

2) 학생들의 발화 유도
   자연스럽게 발화를 유도하면서 물건 소개의 방법을 익히도
   록 한다.
   T : 선생님이 가지고 온 물건에 대해 질문이 있어요?

| | |
|---|---|
| | S1 : 선생님, 그 티셔츠 사이즈가 뭐예요?<br>S2 : 선생님, 그 책은 어떤 내용이에요?<br>S3 : 선생님, 그 CD에 어떤 가수의 노래가 있어요?<br>(학생들의 관심과 흥미를 유도하며 발화 기회를 충분히 제공한다) |
| 3. 연습<br>(20~25분) | 1) 짝과 함께 말하기<br>T : 이제 여러분이 각자 가져온 물건을 꺼내 보세요. 여러분의 물건을 짝에게 보여 주고 함께 이야기해 보세요. 다음의 세 가지 질문을 해 보세요.<br><br>• 그 물건은 무엇입니까?<br>• 왜 그 물건을 팔고 싶습니까?<br>• 얼마에 팔고 싶습니까?<br><br>T : 친구들에게 자신이 가지고 온 물건을 잘 설명했어요? 그럼 짝을 바꿔서 한 번 더 이야기해 봅시다.<br><br>2) 자신의 물건에 대해 메모하기<br>T : 여러분이 가지고 온 물건에 대해 여기에 간단히 메모해 보세요. (메모하는 방법을 알려 준다)<br><br>**내가 팔고 싶은 물건**<br><br>예) 팔고 싶은 물건: 옷<br>　　팔고 싶은 이유: 자주 입었던 옷→살이 쪄서 작다<br>　　가격: 1,000원<br><br>1. 팔고 싶은 물건:<br>　팔고 싶은 이유:<br>　가격:<br><br>2. 팔고 싶은 물건:<br>　팔고 싶은 이유:<br>　가격:<br><br>3. 팔고 싶은 물건:<br>　팔고 싶은 이유:<br>　가격: |

| | |
|---|---|
| | 3) 자신의 물건에 대해 소개하는 글 쓰기<br>　T : 여기에 여러분의 물건을 소개하는 글을 써 보세요. 물건 이름, 그것을 파는 이유, 가격을 꼭 써야 합니다. '-던'과 '-았던/었던'을 꼭 사용하도록 하세요.<br>　(예시를 함께 읽고 물건 소개 글을 쓰는 방법을 알려 준다)<br><br>**내가 팔고 싶은 물건 설명하기**<br><br>예) 이것은 자주 입었던 옷입니다.<br>　　지금은 조금 살이 쪄서 옷이 작습니다.<br>　　1,000원에 팔려고 합니다.<br><br>1.<br><br>2.<br><br>3. |
| 4. 활용<br>(20분) | 1) 벼룩시장 준비하기<br>　T : 여러분의 물건과 물건을 소개한 글을 진열대에 올려놓으세요.<br>　(모든 학생들의 물건이 잘 진열되었는지, 물건을 소개하는 글이 잘 보이는지 확인한다)<br>　T : 아직 물건을 사고팔지 말고 먼저 친구들의 물건을 먼저 구경해 보세요.<br>　(물건을 구경하면서 물건 소개 글도 함께 읽도록 유도한다)<br><br>2) 벼룩시장 열기<br>　T : 지금부터 벼룩시장을 시작하겠습니다. 벼룩시장의 세 가지 규칙을 잘 지키세요. |

[규칙1] 물건 주인은 자신의 물건에 대해 반드시 설명해야
합니다.
[규칙2] 물건을 사기 전에 꼭 물건에 대해 질문해야 합니다.
[규칙3] 물건 가격은 얼마든지 깎을 수 있습니다.

(학생들이 서로의 물건에 대해 흥미를 가지고 적극적으로 대화를 하고 있는지 확인하고, 필요한 경우 교사도 물건 사고팔기에 참여한다)

3) 벼룩시장 활동 마무리, 과제 제시

T : 벼룩시장 재미있었나요? 가지고 온 물건을 다 팔았어요? 어떤 물건을 샀어요?

T : 여러분이 어떤 친구의 물건을 샀는지, 그 물건이 무엇인지 설명할 수 있지요? 다음 수업 시간까지 여러분이 산 물건을 소개하는 글을 써 오세요. 다음과 같이 쓰면 됩니다.

### 내가 벼룩시장에서 산 물건

예) 저는 수산타 씨의 필통을 샀습니다.
수산타 씨가 공부할 때 항상 쓰던 필통입니다.
작년에 한국 친구가 수산타 씨에게 선물을 했던 것입니다.
그런데 새 필통이 생겨서 이제 필요없다고 합니다.
1,000원이었는데 300원 깎아서 저는 700원에 샀습니다.

1.

<table>
<tr><td></td><td></td><td>2.</td></tr>
<tr><td></td><td></td><td>3.</td></tr>
</table>

4) 차시 학습 예고

　다음 시간에는 '벼룩시장에서 산 물건'에 대해 3분 발표를 하
　도록 하겠습니다.

# 14 한국어 교사는 빨간펜 선생님?

완벽하게 고치기보다 효과적으로 고치라

초보 교사 J씨, 학생이 쓴 글을 보면서 어떻게 수정해 줄 것인가를 생각 중인데……

나는 어제 수업이 끝나서 식당에 갔다.
식당에 김밥와 라면을 먹어요.
점심을 먹기 후에 친구 같이 다방 갔어요.
커피숍에 커피 마시고 숙제 하고 친구 같이 이야기했써요.
좀 피곤했었지만 재미었었요.

 만약 당신이 한국어 교사라면 학생의 오류를 어떻게 수정해 줄 것인지 ✔표시를 해 보세요.

☐ 잘못 말하거나 쓸 때마다 정확한 표현으로 고쳐 준다.

☐ 중요한 부분을 먼저 고쳐 주고, 중요하지 않은 부분은 나중에 고쳐 준다.

☐ 틀린 부분에 밑줄을 그어서 학생에게 돌려준 후 스스로 고친 것을 교사가 수정해 준다.

☐ 틀린 것을 고쳐 주면 학생들의 자신감이 떨어지므로 수정해 주지 않는다.

# 🏛 한국어 학습자의 오류

한국어를 배우는 과정에 있는 외국인 학습자들이 하는 말과 그들이 쓰는 글은 완벽하지 않다. 크고 작은 오류들이 자주 나타난다. 이때 한국어 교사의 입장에서는 틀린 부분을 즉각적으로 완벽하게 고쳐 주는 것이 좋을지, 아니면 선별적으로 수정하는 것이 좋을지 망설여진다.

한국어 초급 학습자의 새 단어를 활용한 문장 만들기 사례 *

틀린 부분이 발견될 때마다 하나하나 고쳐 주다 보면 학생들의 자신감이 떨어져서 한국어로 말하고 쓰는 것 자체를 두려워하게 될 것이다. 반면 틀린 것을 그대로 두면 학생들은 틀린 것을 깨닫지 못하고 시간이 흐르면서

---

\* 이 자료는 연세대학교 한국어학당 1급 학습자의 숙제 중 일부로, 학생과 교사의 동의를 얻어 실었습니다.

그 표현이 굳어져 나중에는 더욱 고치기가 어려워진다. 그렇다면 한국어 교사는 학생들의 잘못된 표현을 고칠 때 무엇을, 어떻게, 얼마나 수정하는 것이 좋을까?

## 🏠 무엇을 고쳐 줄 것인가

학생의 말이나 글에서 틀린 부분을 무조건 고치기 전에 우선 이것이 실수 (mistake)인지 오류(error)인지를 파악해야 한다.

'실수'는 말 그대로 제대로 알고 있는 것이지만 잠깐 착각을 한다거나 주의를 기울이지 않아서 잘못 표현하는 경우를 가리킨다. 한국인이나 한국어 전문가의 말이나 글도 정밀하게 들여다보면 실수가 존재한다. 이것은 굳이 정확한 표현으로 고쳐 주지 않고도 실수했다는 것을 알려 주거나 다시 한 번 생각해 보라고 하면 스스로 정정할 수 있다.

이에 반해 '오류'는 반복적으로 행하는 틀린 표현으로, 한국어에 대한 잘못된 지식이나 모국어의 영향 등으로 인해 굳어진 표현이다. 이러한 오류는 학습자 스스로 인식할 수 없기 때문에 반드시 바른 표현으로 고쳐 주어야 한다.

## 🏠 언제 고쳐 줄 것인가

학생들이 잘못된 표현을 썼을 때 바로 고쳐 줄 것인가, 아니면 시간이 지난 다음에 고쳐 줄 것인가? 이것은 학생들의 성격이나 오류의 종류를 고려하여 결정해야 한다.

　　교사가 오류를 바로 지적하고 고쳐 주면 학습자는 자신의 잘못된 표현을 즉각적으로 인식하고 바른 표현으로 바꾸게 되므로 그때그때 정확한 표현을 사용할 수 있다는 장점이 있다. 반면 학생의 성격에 따라 자존심이 상했다고 느끼거나 자신감을 잃고 더 이상 다양하게 말하려는 시도를 포기할 수도 있다. 쓰기에서도 문장을 쓸 때마다 잘못되었다고 지적을 하면 글쓰기 속도가 느려지고 다양한 아이디어가 나오지 않을 수도 있다.

　　어느 정도 시간이 지난 후에 고쳐 주면 학생들은 오류를 자신의 문제가 아니라 객관적인 사실로 받아들여 상처를 받지 않고 문제를 발견할 수 있다. 그러나 학생들 스스로가 이전에 어떤 말을 어떻게 했는지 잊어버린 경우, 교사가 그 상황을 상기시키면서 필요 이상으로 부가적인 설명을 해야 하고 학생들은 그러한 지적을 불필요하다고 느낄 수도 있다. 따라서 다양한 상황을 고려하여 수정 시기를 정해야 한다.

　　우선 학생들의 성격에 따라서 수정 시기를 결정해야 한다. 자존심이 강하거나 소심한 학생들은 그 자리에서 직접 고쳐 주는 것을 싫어하므로 시간이 지난 후에 모아서 가르쳐 주는 것이 좋고, 성격이 적극적이고 활발한 학생들은 자신의 문제를 깨닫고 빨리 수정되기를 바라므로 그 자리에서 직접 고쳐 주는 것을 선호하기도 한다.

　　또한 연습하는 내용에 따라서 수정 시기가 달라지기도 한다. 어휘나 문법을 직접 연습하는 상황에서 목표 어휘나 문법에 대해 오류가 있다면 즉각적으로 고쳐 주는 것이 좋다. 하지만 틀린 표현이 목표 어휘나 문법이 아니고, 자신의 의견을 다양하게 말하고 있는 상황에서 발생한 오류라면 유창성에 방해가 되지 않도록 모든 활동이 끝난 후에 고쳐 주는 것이 좋다.

## ✿ 어떻게 고쳐 줄 것인가

말하기에서 나타나는 오류에 대해서는 "그건 틀렸어."라고 직접적으로 지적하지 말고 교사가 먼저 바른 표현을 말해 줌으로써 학생들이 스스로 알아차릴 수 있게 하는 것이 좋다.

> 학생 : 어제 슈퍼에 가서 과자 이 개를 샀어요.
> 교사 : 아, 과자 두 개를 샀군요.
> 학생 : 네, 어제 슈퍼에 가서 과자 두 개를 샀어요.

학생들은 교사의 말을 통해서 자신이 잘못한 부분을 발견하면 대부분 "아, 두 개를 샀어요."라고 스스로 수정하게 된다. 학생이 스스로 고치지 않더라도 처음에는 몇 번 바른 표현을 자연스럽게 노출시켜 주는 것이 좋다. 그럼에도 계속적으로 '이 개'라고 한다면 이 학생은 '둘(두)'과 '이'의 용법을 제대로 알지 못하고 있는 것이기 때문에 '두 개'라고 말해야 한다고 직접 가르쳐 줘야 한다.

## ✿ 오류에 따라 다르게 수정하라

쓰기에서 나타나는 오류는 오류의 종류에 따라 다양하게 수정할 수 있다. 아직 배우지 않아서 틀린 부분은 고치지 않고 일단 그대로 둔다. 예를 들어 아직 '-어서'를 배우지 않은 학생이 '학교에 가고 공부해요.'라는 문장을 썼다면, 이것은 다음에 '-어서'를 배우는 단계에서 자연스럽게 배울 수 있는 것이므로 특별히 고쳐 주지 않고 넘어가도 무방하다.

그런데 이미 배웠지만 자주 틀리는 부분은 따로 표시해서 설명과 함께 주의를 줘야 한다. 예를 들어서 "저는 불고기가 좋아해요."라는 오류를 자주 보이는 학생에게는 한국어에서 '좋아하다'는 동사이므로 앞에 조사 '을/를'을 써야 된다는 정보를 예문과 함께 구체적으로 알려 주는 것이 좋다.

---

저는 불고기가 좋아해요.

　　　⇒ 를

※ 명사 이/가 좋다: 저는 불고기가 좋아요.
　 명사 을/를 좋아하다: 저는 불고기를 좋아해요.

---

단순한 실수로 보이는 부분은 교사가 간단히 수정해 준다. 앞서 제시한 오류를 중급 이상에서 보인 경우는 자세히 설명할 필요 없이 간단하게 바른 표현으로 바꿔 주기만 해도 된다.

---

저는 불고기가 좋아해요.

　　　⇒ 를

---

## 🏠 틀린 것으로도 배우게 하자

오류를 통해 교육적 효과를 얻으려면 교사가 수정한 내용을 학생이 다시 써 오게 하는 것이 좋다. 그러면 자신이 틀린 부분을 다시 써 보면서 바른 표현을 익히게 된다. 혹은 학생들 스스로 수정에 참여하게 하는 방법도 있다. 이때는 맞춤법 오류, 문법 오류, 어휘 오류, 띄어쓰기 오류 등 오류의 종류에 따라 기호를 만들어 학생들과 약속을 한 후, 학생들에게 이 기호를 보고 틀린 부분을 수정해 오라고 한다.

| 규 칙 | 오류 표시의 예 |
|---|---|
| ⬭ : 맞춤법 오류<br>▭ : 문법 오류<br>△ : 어휘 오류<br>— : 띄어쓰기 오류 | 나는 어제 수업이 끝나서 도서관에 갔다. 도서관에서 진구를 만나서 가치 공부했다. 옆 사람이 크게 음악을들어서 조금 조용했다. |

이와 같이 표시를 하면 학생들이 자신의 문제를 스스로 해결하려는 노력을 하게 되므로 더욱 교육적인 효과를 거둘 수 있다.

### 빨간펜의 두 얼굴

선생님들은 보통 학생들의 오류를 빨간색 볼펜으로 고치는 경우가 많다. 틀린 부분이 눈에도 잘 띄고 학생들에게 주의를 주는 느낌도 들기 때문이다. 그렇지만 학생에 따라 빨간색으로 수정하는 것을 매우 불쾌해하는 경우도 있다. 빨간색은 일반적으로 경고와 주의를 환기시키는 역할을 하지만 때로는 위협적으로 느껴질 수도 있기 때문이다. 따라서 빨간색만 고집하지 말고 눈에 잘 띄는 분홍색이나 주황색, 또는 초록색 등의 펜으로 수정을 하는 것도 시도해 볼 수 있다.

# 🏛 성공은 실수로부터 나온다

태어나서 첫걸음부터 멋지게 걸은 사람은 아무도 없을 것이다. 걷다가 넘어지기를 수십 번, 수백 번 반복한 후에야 비로소 두 발로 당당히 서서 걸을 수 있다. 이와 같이 언어를 배우는 과정에서 언어 표현을 정확하게 사용하지 못해서 나타나는 오류는 너무나 자연스러운 현상이다.

따라서 교사는 학습자들의 오류에 대해서 민감하게 반응하지 말고 여유를 가지고 바라보는 것이 필요하다. 수많은 시행착오를 거친 후에 성공을 거두듯, 오류에 대해서 교사가 적절한 시기에 적절한 방법으로 수정을 해 주면 학습자는 이를 통해 더욱 성장하게 될 것이다.

## 한 걸음 더

오류의 수정에 대해 더 깊이 알아보려면 다음의 논저를 참고할 수 있다.

고석주(2004), 한국어 학습자 말뭉치와 오류 분석, 한국문화사.

김영주(2010), 한국어 학습자와 교사의 구어오류수정에 대한 인식 연구, 한국어 교육 21-3, 국제한국어교육학회, 23-44쪽.

Julie Damron, Young Joo Kim (2009), 한국어 숙달 정도에 따른 미국대학 한국어 학습자의 오류 수정 선호 연구, 한국어 교육 20-2, 국제한국어교육학회, 337-358쪽.

✓ 실수는 깨우쳐 주고 오류는 고쳐 줘야 한다.

✓ 학생이 신나서 이야기하고 있을 때는 틀려도 참고 기다려 주도록 한다.

✓ 오류를 바로 고쳐 주지 말고 스스로 수정할 기회를 주는 것이 좋다.

 만약 당신이 한국어 교사라면 학생의 오류를 어떻게 수정해 줄 것인지 ✓ 표시를 해 보세요.

☐ 잘못 말하거나 쓸 때마다 정확한 표현으로 고쳐 준다.

➡ 틀려요. 틀린 부분이 나올 때마다 고쳐 주면 학생들의 자신감이 떨어질 수도 있습니다.

☑ 중요한 부분을 먼저 고쳐 주고, 중요하지 않은 부분은 나중에 고쳐 준다.

➡ 맞아요. 중요한 오류는 그 자리에서 고쳐 주고 나머지는 천천히 고쳐 줘도 됩니다.

☑ 틀린 부분에 밑줄을 그어서 학생에게 돌려준 후 스스로 고친 것을 교사가 수정해 준다.

➡ 맞아요. 틀린 부분을 스스로 점검해 보게 하면 교육적 효과를 거둘 수 있습니다.

☐ 틀린 것을 고쳐 주면 학생들의 자신감이 떨어지므로 수정해 주지 않는다.

➡ 틀려요. 오류를 수정해 주지 않으면 잘못된 습관이 굳어지기 때문에 적절하게 고쳐 줘야 합니다.

# 15 나, 떨고 있니

교사라면 누구나 한 번은 겪게 될 생애 첫 수업을 위한 노하우

안녕하세요…….
이번 학기에 여러분을
가르치게 된……
김…… 철…… 수라고……

한국어 교사 A씨. 한국어교원양성과정을 마치고 한국어교육능력검정시험도 우수한 성적으로 합격하여 3급 자격증을 받았다. 드디어 기다리고 기다리던 첫 수업, 교재도 교안도 준비물도 완벽하게 준비해서 이제 실전 수업만 남겨 두고 있는데…… A씨는 첫 수업을 무사히 마칠 수 있을까?

생각해 보기

다음 중 맞다고 생각하는 것을 찾아보세요.

☐ 첫 수업 때는 가르칠 내용을 최대한 많이 준비하는 것이 좋다.

☐ 수업 내용을 모두 외웠더라도 만약의 경우를 위해서 교안을 가지고 가는 것이 좋다.

☐ 교사가 먼저 자신이 초보 교사임을 학생들에게 솔직히 이야기하는 것이 좋다.

## 🏛 한국어 첫 수업의 기억

누구에게나 어떤 일에든 '처음'은 존재한다. '처음'이라는 순간은 '설렘'으로 기억되기도 하지만, 때로는 서투르고 이루지 못한 것에 대한 아쉬움이 떠오르기도 한다. 하지만 '처음'은 그 자체만으로도 의미가 있다. 한국어 교사에게 첫 수업도 그러하다.

2000년 여름, 구로 지역의 한 선교단체에서 자원봉사로 한국어를 처음 가르치기 시작했다. 한국어 교육 전공으로 석사 과정을 마쳤음에도 불구하고 현장 경험이 전혀 없었던 때였다. 그런데 우연히 자원봉사기관에서 의료봉사를 하는 선배를 따라갔다가 한국어 수업이 필요하다는 얘기를 듣고 한국어 교실을 열게 되었다. 건물 2층에 있는 작은 방에서 방글라데시, 네팔, 필리핀에서 온 서너 명의 외국인 근로자들과 함께하는 것으로 역사적인 첫 수업을 하게 된 것이다.

공부방 주변에는 아이들이 왔다 갔다 움직이는 소리가 났고, 몇 개 되지 않는 단어로 소통을 하면서 한글 읽기와 쓰기를 나름대로는 열심히 가르치려고 노력했다. 이러한 내 열성과는 달리 학생들의 출석률은 그다지 좋지가 않았다. 한 주는 오고 그다음 주는 결석을 한다거나, 결석했던 학생이 나오면 또 다른 한 명이 안 보이는 식이었다. 그러다 보니 이전 시간에 했던 내용을 다시 처음부터 복습하는 일이 몇 번이나 반복되었다. 결국 한글 자모를 떼는 데에 두 달 이상이 걸렸다.

# 📑 첫 수업을 위한 준비, 무엇부터 해야 할까

오래전부터 품었던 꿈. 한국어 교사가 되기 위해서 한국어학과를 졸업하고 한국어 교원 2급 자격증을 받은 L씨. 서류 심사, 1차, 2차 면접 등 총 3차에 걸친 시험을 통과해서 드디어 B대학교 부설 한국어 교육기관의 한국어 교사가 되었다. 그러나 기쁨도 잠시, 다음 주부터 첫 수업이 시작되는데 무엇부터 준비해야 할지 걱정이다.

자신이 바라던 꿈이 이루어진 순간은 누구나 할 것 없이 기쁘고 가슴 벅찬 순간일 것이다. 그러나 그 꿈을 제대로 펼칠 수 있을까 하는 부담도 함께 밀려온다. 첫 수업을 앞둔 교사는 과연 무엇을 준비해야 할까?

# 📑 학생에게 맞는 교재를 준비하라

수업을 준비하기 위해서는 우선 가르칠 학생들의 특성을 알아야 한다. 대개는 학생들의 국적, 성별, 나이, 그리고 한국어를 배우는 목적과 한국어 수준 등을 확인할 필요가 있다. 학생들의 나이나 배우는 목적에 따라서 교재의 수준이나 수업 방법이 달라지기 때문이다.

학생들의 나이나 한국어 수준이 결정되면 우선 교재를 결정해야 한다. 기관에 따라 이미 교재가 정해져 있다면 기존 교재를 사용하면 되지만, 정해진 교재가 없는 경우에는 교사가 직접 찾아보고 정해야 한다. 요즘은 인터넷으로도 교재를 검색하고 살 수 있는 경우가 많지만 여러 교재를 직접 비교해 보려면 대형 서점의 한국어 교재 코너에 가거나 한국어 전문 서점을 방문하는 것이 좋다.

한국어 교재 전문 서점으로 한글파크(www.hangulpark.com)가 있다.
이곳에서는 다양한 한국어 교재를 서로 비교해 보고 구입할 수 있으며, 인
터넷 주문도 가능하다.

좋은 교재는 수업 상황에 따라 다르지만 교재의 내용이 학습자의 흥미를
끌 만한 것, 교재의 구성과 문법 설명이 체계적인 것, 그리고 초보 교사라면
교사용 지침서가 있어서 수업에 도움을 받을 수 있는 것을 고르는 것이 좋
다. 그리고 연습문제나 과제 활동이 제시되어 있는 교재는 교실 활동을 하
거나 숙제를 내 주기에 편리하다. 한편 초급 학습자라면 어휘나 문법 설명
이 모국어로 되어 있는 교재를 고르는 것이 교사와 학생의 부담을 덜 수 있
어서 좋다.

## 🏠 수업 계획을 세우라

학생과 교재가 결정되었다면 수업 계획을 세워야 한다(물론 경우에 따라서
수업 계획을 세운 후 수업 기간에 맞는 교재를 골라야 할 때도 있다). 한 학기를 몇
주로 할 것인지, 한 주에 몇 시간을 가르칠 것인지, 그 시간 내에 어떤 활동
을 넣을 것인지, 이번 학기 동안 학생들에게 기대하는 목표는 어느 정도인
지……. 선배 교사나 기관에서 앞서 만들어 놓은 교육과정이 있다면 일부
만 수정하면 되니 부담이 덜하지만, 그렇지 않은 경우에는 교사가 직접 전
체적인 수업 계획을 세워야 한다. 배가 출발할 때 어디로 갈지 행선지를 먼

저 정해야 하듯, 첫 수업을 시작하기 위해서는 힘들더라도 이 과정을 반드시 거쳐야 한다. 학생들에게도 목표를 알려 주고 수업을 시작하면 기대감을 갖게 할 수 있고, 힘들더라도 포기하지 않고 공부할 동기를 부여할 수 있다.

수업 계획을 세울 때 다음의 요소를 꼭 고려해야 한다.

- 학습 기간
- 학습 목표
- 학습 내용(수업 시수별)
- 수업 과제와 활동
- 평가 방법과 날짜

일반적으로 한 학기는 교재 하나를 끝내는 시점으로 할 수도 있고 시간별로 정할 수도 있지만 1~3개월 정도가 적당하다. 이보다 더 길어질 경우 학생들이 지루해할 수도 있고, 자신이 어디까지 왔는지 확인하지 못하면 성취감을 느끼지 못할 수도 있다.

학습 목표는 학생들의 현재 수준보다 조금 높은 단계로 정해야 한다. 그리고 '한글 자모를 익혀서 읽고 쓸 수 있다.', '일상생활에서 사용하는 어휘와 문법을 익혀서 일상적인 대화를 할 수 있다.'와 같이 가능한 한 구체적인 목표를 설정해야 한다.

하루에 공부할 분량은 교재에 따라 다르겠지만 보통 한 단원을 하루나 이틀 내에 마칠 수 있도록 계획하는 것이 좋다. 한 단원의 학습 기간이 너무 길어지거나 다음 수업까지의 공백(주말 등)이 길면 이미 배운 내용을 학생들이 기억하지 못해서 다시 설명해야 하는 경우가 있다.

수업 과제는 배운 내용을 최대한 연습할 수 있는 것이 좋다. 수업 중 배운 내용으로 글을 쓰거나 발표를 하는 등 학습 내용을 종합적으로 활용할 수 있는 과제를 부여하는 것이 좋다.

학기가 끝날 경우 평가는 반드시 이루어져야 한다. 평가는 학습자에게는 배운 내용을 정리하는 기회를 주고, 교사에게는 학생이 이해한 것과 그렇지 않은 것을 파악하여 다음 단계의 수업에 반영하게 하므로 꼭 필요한 과정이다. 체계적인 시험지를 만들지 못한다고 하더라도 간단한 받아쓰기나 글 읽기, 교사와의 간단한 인터뷰를 통해서라도 학생이 배운 것을 제대로 이해하고 있는지 확인하는 시간을 갖도록 하자.

물론 계획을 세웠다고 해서 꼭 그대로 지켜지는 것은 아니지만 좋은 계획이 훌륭한 수업을 만드는 것은 분명하다.


## 🏛 교안을 작성하라

이제는 학생들에게 가르칠 내용을 구체적으로 준비해야 한다. 교재를 보고 대화를 어떻게 읽히고 따라 하게 할지, 단어를 어떻게 설명하고 연습시킬지, 문법을 어떻게 가르치고 활용하게 할지를 생각한다. 사전을 찾아서 단어의 뜻을 적어 보고, 이 단어를 쉽게 설명할 수 있는 그림이나 사진, 동영상 등이 있다면 도움이 되는 자료도 준비한다. 또 학생들의 수준에 따라서 이해할 수 있는 표현이 다르기 때문에 교사가 어떤 말로 설명을 해야 할지도 직접 적어 본다.

문법은 다양한 상황에서 이루어지므로 해당 문법이 사용된 문장을 다양한 매체와 책에서 찾아서 적고, 학생들의 연습을 위해서 던질 질문들도 가능한 한 많이 생각해서 적어 둔다.

수업 내용을 준비할 때는 사전이나 문법서뿐만 아니라 음악, 미술, 공연 등 다양한 자료를 참고로 하면 더욱 재미있고 풍성한 수업 준비를 할 수 있다. 그리고 예상되는 질문과 그에 대한 대답도 미리 짐작해서 정리해 본다. 가능하면 각 단계마다 예상되는 소요 시간도 적어 두면 좋다. 교안에 대한 실제적인 내용은 164~172쪽을 참조하면 된다.

## 준비물을 챙기라

수업에 들어갈 시간이 가까워 오고 있다. 수업에 들어가기 전에 교사는 교실 상황과 준비물을 꼼꼼하게 확인해야 한다. 교과서와 수업 계획표, 그리고 교안은 기본이다. 수업 전에 교실 칠판의 유형을 확인하고 거기에 맞는 분필이나 보드마커를 넉넉히 준비하는 것이 좋다. 교사가 첫 수업부터 교과서나 분필을 가지고 가지 않아서 다시 교실을 나오거나 당황한다면 학생들이 부정적인 선입견을 갖게 될 수 있다.

〈준비물〉
- 교과서
- 수업 계획표
- 교안
- 출석부
- 분필/화이트보드 마커
- 볼펜, 굵은 펜, 테이프
- 빈 종이

그리고 학생들의 출석을 확인하기 위한 출석부와 필기도구도 잊지 않도록 한다. 또 빈 종이를 넉넉하게 가지고 가는 것이 좋은데, 이 종이는 교사와 학생의 이름을 적어서 책상 위에 올리거나 책상 앞에 붙여서 이름을 외우는 용도로도 사용할 수 있다. 첫 시간에 공책을 가지고 오지 않은 학생들에게는 공책 대용으로 나눠 줄 수도 있으며, 그 밖에 학생의 정보를 확인하거나 학생의 수준을 평가하는 간단한 시험을 보는 등 다양한 용도로 사용할 수도 있다. 수업에 들어가기 전에 더 필요한 것은 없는지 다시 한 번 확인해 보자. 앞에서 말한 수업 준비 과정을 한눈에 볼 수 있게 정리하면 다음과 같다.

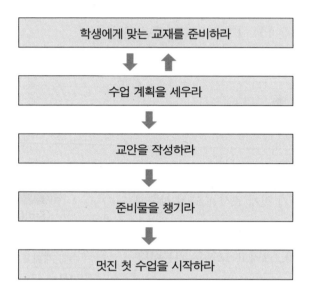

## 🏛 첫 수업 시나리오

생애 처음 한국어 수업을 시작하는 교사 A씨. 오늘의 첫 수업을 위해서 교안을 완벽하게 외우느라 어제는 한숨도 못 잤다. 지난 주말에는 오늘의 수업을 위해 정장까지 한 벌 구입했다. 철저한 준비를 마치고 교실에 들어가서 학생들 앞에 서니 어디에 눈을 둬야 할지 모르겠다. 거기다 한국어로 말도 할 수 없는 학생들에게 무슨 말부터 시작해야 할지 모르겠다. 나만 쳐다보고 있는 여러 색깔의 눈빛이 너무 부담스럽다. 마음을 가다듬고 첫 번째 단어를 가르치려고 칠판에 단어를 적는 순간 학생들은 웅성웅성한다. 이건 뭐지? 난 어떻게 해야 하지? 식은땀이 흐른다.

만약 여러분이 오늘 한국어 첫 수업을 하게 된다면 무엇을 어떻게 할 것인가? 본격적인 수업을 할 것인가, 간단한 강의 설명만 하고 마칠 것인가?

모든 첫 만남이 그러하듯 한 학기라는 마라톤을 앞둔 첫 수업에서는 성급하게 본론부터 들어가기보다는 교사와 학생이 서로에 대해 알아가고 한 학기 동안 수업할 내용과 수업 방법에 대해서 설명하는 시간을 갖는 것이 좋다. 교재에 담긴 구체적인 내용은 다음 수업부터 배워도 충분하다. 서로에 대한 관심과 호기심이 가장 충만할 첫 수업에서는 한마디라도 함께 말을 건네고 이름을 불러 보는 시간을 갖도록 하자.

학습자의 이름, 국적, 한국어를 배우는 이유 등을 간단히 적게 한 뒤에 소그룹으로 나누어 대화를 나눌 기회를 주는 것만으로도 수업의 분위기는 금세 무르익는다. 이때 교사의 역할은 적재적소에 끼어들거나 조율하면서 자연스러운 분위기에서 대화를 할 수 있도록 유도하는 것이다. 물론 첫 수업의 방법과 내용은 학습자의 수준에 따라 차별화되어야 한다.

## 🏛 첫 수업의 시간 활용 예

첫 수업 시간 활용의 예를 간단히 소개하면 다음과 같다.

| 순서 | 내용 | 설명 | 소요 시간 |
|---|---|---|---|
| 1 | 교사 인사하기 | 교사가 먼저 자기소개를 하고 반갑게 인사한다. "여러분, 안녕하세요. 저는 ___입니다. 만나서 반갑습니다. 한 학기 동안 즐겁게 공부해요." | 3분 |
| 2 | 학생 정보 파악 | 간단하게 학생들의 이름과 나라를 확인한다. 한글을 모르는 학생이 있으면 학생의 이름을 듣고 교사가 칠판이나 종이에 적어 준다. 학생들에게 "___씨 반갑습니다."라고 하며 한 사람씩 눈을 맞추고 인사한다. | 7분 |
| 3 | 학생 수준 파악 | 학생의 수준이 파악되지 않은 경우에는 간단한 받아쓰기와 질문, 책 읽히기를 통해서 수준을 파악한다. (학생의 수준이 미리 파악된 경우에는 3단계 없이 바로 4단계로 넘어간다) | 10분 |
| 4 | 수업 안내 | 수업할 교재와 수업 시간, 방법, 숙제, 수업 계획, 교실에서의 주의점 등을 알린다. | 10분 |
| 5 | 본 수업 | 준비해 간 내용으로 수업을 간단히 진행한다. | 20분 |

## 🏛 첫 수업의 소중함

첫 수업은 실수투성이이고 가슴이 벌렁거리는 두려운 시간이지만 두 번다시는 오지 않을 소중한 경험이다. 훗날 이 시간을 돌아보며 좋은 이야깃거리로 삼을 수도 있고, 이날의 실패를 거울삼아 다음 수업을 더 열심히 준비하게 되기도 한다.

교사가 자신 없는 태도로 학생들 앞에서 초보 교사임을 밝히고 양해를 구하면 학생들은 이 교사에 대한 기대감을 갖지 않을 수도 있다. 처음이지만 자신 있게, 처음이니까 더 당당한 모습으로 학생들 앞에 서자.

이 교실에서 한국어에 대해 가장 잘 알고 있는 사람은 바로 한국어 교사, 당신이다.

### 한 걸음 더

한국어 수업 준비를 위해 더 상세히 알고 싶다면 다음 책을 참고할 수 있다.

백봉자(2013), 한국어 수업 어떻게 하는가, 하우.
조형일(2012), 한국어 교실 수업의 원리와 실제 – 한국어 교사를 위한 실제 현장 중심의 교실 수업 안내서, 소통.

✔ 한국어 수업을 준비하기 위해 가르칠 학생들이 누구인지 먼저 확인하라.

✔ 수업 계획과 수업 준비는 필수다.

✔ 첫 수업에서는 너무 많은 것을 가르치려고 하지 말고 학생과 교사가 서로 알아 가는 시간으로 삼는 것이 좋다.

 다음 중 맞다고 생각하는 것을 찾아보세요.

☐ 첫 수업 때는 가르칠 내용을 최대한 많이 준비하는 것이 좋다.

➡ 틀려요. 첫 수업 때는 욕심을 줄이고 서로를 먼저 소개하는 시간이 필요합니다.

☑ 수업 내용을 모두 외웠더라도 만약의 경우를 위해서 교안을 가지고 가는 것이 좋다.

➡ 맞아요. 아무리 준비가 되어 있어도 당황하면 생각이 나지 않기 때문에 교안은 꼭 가지고 가야 합니다.

☐ 교사가 먼저 자신이 초보 교사임을 학생들에게 솔직히 이야기하는 것이 좋다.

➡ 틀려요. 초보 교사라는 걸 굳이 얘기할 필요는 없습니다. 그러면 학생들이 선입견이 생겨서 교사를 얕볼 수도 있습니다.

● 이름 소개하기

한국어 초급 수준의 교실이라면 학생들의 이름을 듣고 교사가 한글로 적어 주는 것이 좋다. 조금 더 잘하는 학생들이라면 자신의 이름으로 삼행시를 짓거나 이름의 뜻을 설명하게 하면 교사가 학생의 이름을 빨리 외울 수 있어서 도움이 된다.

한국어로 이름을 지어 교실에서 부르게 할 수도 있다. 한번은 학생 이름이 'Stella'길래 별이라는 의미를 따서 '은별'이라고 이름을 지어 주었다. 그랬더니 이름이 마음이 드는지 어학당을 졸업한 후에도 그 이름을 자신의 한국 이름으로 사용하는 것을 보았다. 학생들이 좋아하는 가수나 배우 이름을 교실에서의 이름으로 부르는 것도 재미있다. 그러면 한 반에 윤아, 수지, 수현, 민호가 모여서 같이 한국어를 배우는 웃긴 상황이 연출된다.

교사가 자신의 이름을 친근하게 부를 수 있는 방법을 알려 주는 것도 좋은 방법이다. 한국 이름은 대체로 외국 학생들이 따라 부르기에 발음이 쉽지 않고 외우기는 더더욱 힘들다. 따라서 교사의 이름을 쉽게 부르거나 기억할 수 있는 방법을 개발할 필요도 있다.

어떤 선생님의 이름은 '김지○'인데 늘 자신을 '김치' 선생님이라고 소개하신다. 그 밖에도 '007' 선생님, '감자' 선생님, '호랑이' 선생님 등 스스로 별명을 지어 알리는 선생님들도 있다. 첫 수업, 교사보다 몇 배는 더 부담을 느끼고 있을 학생들에게 교사가 한 걸음 다가가면 학생들의 마음도 그만큼 더 열린다.

● 교실의 규칙 정하기

첫 시간에는 한 학기 동안 교실에서 지켜야 할 규칙을 학생들과 함께 정한다.

- 수업에 지각을 할 경우 노래를 부른다.
- 수업 시간에 스마트폰을 사용하면 수업이 끝날 때까지 선생님께 맡겨야 한다.
- 교실에서는 한국말로만 이야기해야 한다. 이것을 어길 경우 500원의 벌금을 낸다.
- 숙제를 안 해 오면 다음 날 숙제를 두 배로 한다.

이런 규칙을 처음에 정해 놓으면 수업 진행 도중에 얼굴을 붉히면서 이야기를 하지 않아도 되어 편하다. 또 학생들도 서로 규칙을 지키면서 수업에 대한 책임감을 가지게 되어 수업 분위기도 좋아진다.

# 16 숙제를 반기는 학생은 없다

재미있는 숙제에는 몇 가지 비법이 있다

초보 교사 A씨. 수업을 할 때마다 어떤 숙제를 얼마나 내 주어야 하는지가 고민이다. 숙제가 없으면 학생들이 전혀 복습을 하지 않을 것 같고, 적은 숙제라도 내 줄라치면 학생들은 "숙제가 많아요."라며 초보 교사 A씨의 마음을 약하게 만든다. 학생들에게 유익하면서도 학생들이 즐겁게 할 수 있는 숙제가 있을까?

생각해 보기

다음 중 맞다고 생각하는 것에 ✔ 표시를 해 보세요.

☐ 학생들에게 내 주는 숙제는 많을수록 좋다.

☐ 숙제는 수업 시간에 즉흥적으로 내 주는 것이므로 사전 계획이 필요하지 않다.

☐ 숙제는 그날 배운 수업 내용을 최대한 복습할 수 있는 것일수록 좋다.

## 🏛 언어 수업과 숙제

숙제를 반기는 학습자는 없다. 언어 교사의 입장에서도 숙제는 부담이다. 학습자에게 많은 숙제를 부여할수록 더 많은 피드백을 제공해야 하기 때문에 적지 않은 시간과 품이 든다.

언어 학습에 있어서 숙제는 '복습'과 '연습'의 의미뿐만 아니라 학습자 스스로 발전할 수 있는 기회를 제공한다. 따라서 과도하지 않은 범위 내에서 학습 동기와 효과를 최대한 높일 수 있는 숙제를 부여하는 것이 중요하다. 그렇다면 한국어 수업에서 어떤 숙제를 내 주어야 할까? 유의할 점은 무엇일까?

## 🏛 그날 배운 내용과 직결되는 숙제일 것

언어 수업에서 가장 이상적인 숙제는 그날 수업에서 배운 내용과 직결되면서도 학습자 스스로가 말하거나 쓸 내용을 능동적으로 찾을 수 있도록 하는 것이다. 학생의 수준에 비해 너무 낮거나 높지 않아야 하며, 학생의 흥미를 유발해야 한다.

단순한 반복형의 숙제보다 스스로 생각하여 수행할 수 있는 유의미한 숙제가 좋다. 가령, 어떤 어휘나 문장을 그대로 '10번씩 써 오라.'는 숙제보다는 '단어 퀴즈에 대비하여 공부해 오기'와 같은 숙제가 더 유의미하다.

이제 막 한글을 배우기 시작한 초급 학습자라면 어떤 숙제가 좋을까? '간판을 읽고 10개씩 써 오기', '한국인의 이름 써 오기' 등이 있다. 한글 간판은 직접 본 것도 좋고 인터넷으로 검색한 것도 좋다. 또한 한국인 이름 쓰기에서는 유명인, 연예인뿐만 아니라 친구 이름을 써 와도 된다.

다음은 수업에서 배운 내용을 바탕으로 한 숙제의 예시를 표로 정리한 것이다.

| 수업 내용 | 숙제 예시 | 지도 시 유의점 |
|---|---|---|
| 한글 | 장소명이나 인명 써 오기 | • 간판을 읽고 써 오도록 한다.<br>• 알고 있는 한국인(유명인) 이름을 써 오도록 한다. |
| 전화 대화 | 한국인(또는 외국인 친구 등)에게 전화하기 | • 구체적으로 어떤 용건으로 전화할 것인가를 사전에 생각하도록 한다(안부 전하기, 약속하기, 질문하기 등). |
| | 114에 전화하기 | • 주요 공공기관이나 관심 있는 곳의 전화번호를 알아보도록 한다. 예를 제시해도 좋다(출입국관리사무소, ○○대학교, ○○마트 ○○지점 등). |
| 문화 행사 참여 | 관심 있는 홈페이지에 접속하여 문화 행사 관련 정보 탐색하기 | • 다음 수업 시간에 자신이 찾은 정보를 친구들과 공유하도록 한다.<br>• 교사가 사전에 특정 문화 행사를 제시하고, 그것에 대한 세부 정보를 학습자가 알아보고 목록을 만들어 보게 한다. |
| 하루 일과 | 어제 시간대별로 한 일과 간 곳 등 정리하기 | • 다음 수업에서 3분 발표나 쓰기 등으로 연계할 수 있다. |
| 길 찾기 | 한국인에게 길 물어보기 | • 친구와 2명씩 짝을 지어 한국인에게 길을 묻는 연습을 해 본다.<br>• 언어 연습이 목적이므로 자신에게 익숙한 장소에서 연습하는 것도 무방하다.<br>• 다음 수업 시간에는 길 묻기 경험에 대해 이야기해 본다. |

## 🏠 학습자의 상황에 따라 숙제의 내용과 양 조절하기

숙제를 부여할 때 고려해야 할 또 한 가지는 학습자의 상황이다. 가령, 한국어 수업 시간에 출석하는 것만도 버거운 학습자(외국인 근로자 등)에게 과다한 숙제는 오히려 큰 부담만 안기고 학습 의욕을 떨어뜨릴 우려가 있다. 이런 경우는 수업 시간을 10분 정도 남겨 여유를 두고 학습자 스스로가 복습과 숙제를 할 수 있도록 활용하는 것도 한 방법이다. 이 시간은 배운 내용을 내재화할 기회를 줄 뿐만 아니라 교사에게 자유롭게 질문을 하는 시간으로도 활용할 수 있다.

반면 단기간에 한국어를 집중적으로 배우고 싶은 학습자에게 아무 숙제도 주지 않거나 숙제 양이 적으면 오히려 학습자의 학습 의욕을 저하시킨다. 적절한 숙제를 주어 배운 것을 빠른 시간 내에 복습하고 다시 새로운 것을 배울 수 있도록 준비시켜 주는 것이 필요하다. 즉, 언어 교사는 학습자에게 가장 도움이 되는 숙제가 무엇인지 파악할 필요가 있다.

언어 교사는 학습자가 수행한 숙제에 대하여 피드백을 제공할 의무가 있다. 숙제에 대해 아무런 피드백 없이 형식적인 과정으로 끝난다면 학습자는 자신의 노력에 대해 보상을 받지 못한다고 느낄 수 있다. 따라서 숙제에 대한 사후 피드백 방법 및 내용에 대해서도 반드시 사전에 구체적인 계획을 세워야 한다.

한국어 교사는 전반적인 수업 계획을 세울 때 그 수업에 가장 적절한 숙제가 무엇인지, 어떤 효과가 있을지, 학습자가 수행할 수 있는 숙제의 양은 어느 정도인지, 그에 대해 교사는 충실한 피드백을 제공할 수 있는지를 반드시 고려해야 한다.

## 한 걸음 더

언어 교육에서 숙제에 대해 더 상세히 알아보려면 다음의 논저를 참고할 수 있다.

박신애(2012), 숙제의 수준별 제시방법이 학업성취도에 미치는 영향, 한국교원대학교 석사학위논문.

장미정(2014), 한국어 교실에서의 숙제에 대한 인식 및 현황 조사 연구 - 국내 대학 부설 한국어 교육 기관의 정규 과정을 중심으로-, 이중언어학 55, 315-352쪽.

✓ 숙제에 대한 사전 계획을 반드시 세우라.

✓ 단순 반복보다 학습 동기를 부여할 수 있는 유의미한 숙제를 적당한 양만큼 내 주라.

✓ 숙제에 대한 사후 피드백을 충실하게 제공하라.

생각해 보기 확인

다음 중 맞다고 생각하는 것에 ✓ 표시를 해 보세요.

☐ 학생들에게 내 주는 숙제는 많을수록 좋다.

➡ 틀려요. 숙제의 양이 많아지면 학습자의 부담감만 커집니다. 양이 적더라도 학습의 효과가 있는 숙제여야 합니다.

☐ 숙제는 수업 시간에 즉흥적으로 내 주는 것이므로 사전 계획이 필요하지 않다.

➡ 틀려요. 숙제는 그날 수업 내용과 연계되어야 하므로 반드시 사전 계획이 필요합니다.

☑ 숙제는 그날 배운 수업 내용을 최대한 복습할 수 있는 것일수록 좋다.

➡ 맞아요. 배운 내용을 내재화하고 연습할 수 있는 숙제가 좋은 숙제입니다.

## 효율적인 숙제 유형

한국어 교사와 학습자의 숙제에 대한 인식을 조사한 장미정(2014)에 따르면, 교사와 학습자 모두 숙제가 필요하며 숙제가 한국어 학습에 도움을 준다고 답했다. 숙제의 유형과 관련하여서는 한국어 학습자는 연습형 숙제보다는 확장형 숙제에 대한 선호도가 높았다. 또한 한국어 학습자는 오류 수정뿐 아니라 수정 방향이나 교사의 의견에 대해 피드백을 제공받기를 원한다.

다음은 언어 교육에서 부여할 수 있는 숙제의 유형(Wallinger, 2000: 492)이며, 장미정(2014: 318)에서 재인용한 것이다.

● 숙제의 유형

- 연습형 숙제(Practice homework)

  수업 시간에 제시한 교육 내용의 학습을 강화하는 숙제

- 준비형 숙제(Preparation homework)

  다음 수업 시간에 제시될 자료를 소개하는 숙제

- 확장형 숙제(Extension homework)

  이전에 배운 지식이나 기능을 새로운 상황으로 전이시키는 숙제

- 통합형 숙제(Integration homework)

  분리해서 학습했던 기능이나 개념을 적용해 보고서나 프로젝트와 같은 산출물을 생산하게 하는 숙제

- 창조형 숙제(Creative homework)

  최종 산출물을 생산하도록 할 때 학습자들에게 내용이나 형식, 기능을 선택할 자유를 주는 숙제

출처: 장미정(2014), 한국어 교실에서의 숙제에 대한 인식 및 현황 조사 연구-국내 대학 부설 한국어 교육 기관의 정규 과정을 중심으로-, 이중언어학 55, 315-352쪽.

# 저자 소개

## 이윤진(Lee Yunjin)

한국어 교사로서의 출발점이자 인생의 전환점은 일본 관공서에서 국제교류 업무(JET 프로그램)를 맡아 지역 주민에게 한국과 한국어를 알리는 소중한 경험을 했던 시기다. '가나다라……'도 모르던 외국인이 한글을 떼고 점차 유창한 한국어를 구사하는 모습을 보는 것이 마냥 뿌듯하고 신기해서 다른 길로 한눈팔지 않는 사이에 강산이 두 번쯤 달라졌다. '자국의 한국(어)·문화 전도사'를 자청하는 애제자가 늘어나고 그들의 활약상을 접할 때 '천직'에 보람을 느낀다. 외국어로서의 한국어교육 전공으로 이화여자대학교에서 석사 학위를, 연세대학교에서 박사 학위를 받고, 현재는 연세대학교 학부대학과 대학원에서 유학생들에게 학업에 필요한 한국어를 가르친다. "수업의 질은 교사의 질을 넘지 못한다."라는 말을 늘 되새기고 있으며, 국내외의 다양한 한국어 교육 현장의 문제와 교사 교육, 교육 자료 개발에 관심을 두고 있다.

## 이은경(Lee Eunkyung)

연세대학교에서 국어국문학을 전공하며 국어 교사의 꿈을 품고 교원임용고사를 준비하던 시절이 있었다. 해외 선교사 자녀와 이주노동자들을 만나면서 외국인을 위한 한국어 교육의 필요성에 눈뜨게 되었고, 외국어로서의 한국어교육 전공으로 연세대학교에서 석·박사 학위를 받았다. 모교의 한국어학당에서 재직한 14년 동안 약 3,000명의 다국적 제자를 길러 냈고, 그중 일부는 고국에 돌아가 한국어 교사로 활약 중이다. 현재는 세종사이버대학교 한국어학과 교수로서, 그동안 현장에서 배우고 경험한 노하우를 바탕으로 '외국인 학습자의 귀와 입, 그리고 마음을 열어 주는 한국어 교사'를 양성하는 일에 제2의 인생을 걸고 있다.

한국어 만세 시리즈 ①

# 한국어 교육 입문

-교육 현장 편-

Striving Series for Excellence in Korean Learning & Teaching ①
An Introduction to Teaching Korean
-Focusing on Education Environment-

2015년 5월 20일 1판 1쇄 인쇄
2015년 5월 29일 1판 1쇄 발행

지은이 • 이윤진 · 이은경
펴낸이 • 김진환
펴낸곳 • (주) 학지사
　　　　 121-838 서울특별시 마포구 양화로 15길 20 마인드월드빌딩
대표전화 • 02)330-5114　　　팩스 • 02)324-2345
등록번호 • 제313-2006-000265호

홈페이지 • http://www.hakjisa.co.kr
커뮤니티 • http://cafe.naver.com/hakjisa

ISBN 978-89-997-0758-2 03700

정가 13,000원

인터넷 학술논문 원문 서비스 **뉴논문** www.newnonmun.com

이 도서의 국립중앙도서관 출판시도서목록(CIP)은 서지정보유통지원시스템 홈페이지(http://seoji.nl.go.kr)와 국가자료공동목록시스템(http://www.nl.go.kr/kolisnet)에서 이용하실 수 있습니다.
(CIP제어번호: CIP2015013550)